웃음 발전소
유머

지식서관

행복을 주는 웃음 바이러스 유머!

링컨 대통령은 그가 상원 의원 선거를 치를 때, 더글러스와 치열한 경쟁을 하고 있었다.

"자네는 키가 크고, 더글러스는 키가 작은데, 키는 어느 정도가 적당하다고 생각하는가?"

친구 한 명이 질문을 하자 링컨이 대답했다.

"키는 다리의 길고 짧음에 달려 있고, 다리의 길이는 땅에서 몸통까지 닿을 만큼만 길면 적당하지 않을까?"

자기의 키를 자랑도 하지도 않고, 키가 유별나게 작은 더글러스를 헐뜯지도 않는 유머였다.

　　레이건은 대통령 선거 때 TV 토론에서 먼데일 후보의 질문을 받았다.
　　"레이건 후보는 대통령직을 수행하기에는 나이가 너무 많다고 생각지 않으십니까?"
　　레이건은 미소를 지으며 말했다.
　　"나는 먼데일 후보가 너무 젊어서 경험이 부족하다는 말은 하지 않겠습니다. 다만 제 나이가 많기 때문에 경험이 풍부할 수도 있습니다."
　　유머는 우리의 생활을 풍요롭게 하고 웃음을 주어 우리에게 행복을 가져다 주는 행복 발전소라고 할 수 있다.

차례 Contents

재수 없는 점수 10

누가 바보? 11

초코파이 12

열정적 세일즈맨 14

심각한 결점 15

하필 구원 16

천생연분 17

험난한 신혼 풍경 18

누구네 탓? 21

처음부터 다시? 22

알찬 수업 23

어중이떠중이 24

감자 3형제의 죽음 25

오정이의 주문 27

물러 왔습니다! 28

신토불이 29

유비무환 30

멸구의 직업 31

과대망상 개미 32

돼지의 1주일 식단 34

막강한 실력자 35

경상도와 서울 사이 36

똑같은 취향 37

현대판 로미오와 줄리엣 39

어쨌거나 40

번짓수가 틀렸네요 41

Contents

분만실 앞에서 42

옆기 시계 44

주변과 구변 45

따질 걸 따져야지 47

무얼 들었는지 48

메뉴판에 적힌 것만 49

공교로운 오해 50

세상 참 좋군 52

실내화가 된 사오정 54

수술하기 쉬운 사람 55

그 엄마에 그 아들 57

투피스 수영복 59

시골 다방의 커피 주문 60

비번째 특종 61

편의점에 간 사오정 62

부드러운 통보 63

더 중요한 것 64

친절한 간호사 때문에 65

전(前)과 후(後)의 태도 67

누구의 엄마? 69

전구와 나뭇조각 70

아니, 이런! 72

건망증 말기 74

머리를 쓴 사오정 75

머리 좋은 아내 77

우체국에서 생긴 일 78

차례 Contents

아내 자랑 80

소매치기 사오정 82

'그래서'와 '그러나' 83

잘 가요, 엄마 85

두 꼬마의 허풍 87

가장 오정이다운 질문 89

정적(政敵) 91

습관 때문에 92

백문이 불여일견 93

길게 줄 선 이유 95

사오정과 번호표 97

그 비밀은 편지에 98

티코 탄 아줌마 99

비실비실한 이유 101

이것저것 안 되면 102

배우러 왔는데 103

장수의 비결 104

살무사와 땅꾼 105

누구의 멋미? 106

섭섭한 부탁 108

공전과 자전 109

공포의 추격전 110

보청기 덕분에 112

목사라 부르지 마! 113

저울질하기 114

사오정의 계절용 팬티 115

Contents

빨간 내복을 기준 117
의안(疑眼) 환자 119
면접을 보러 간 사오정 120
사오정과 여자 사오정 122
비행기가 추락한다는데 123
피는 물보다 진하다 124
고문을 못 이겨 125
나무꾼 사오정 127
사오정은 못 말려 129
염라대왕과 사오정 130
대포를 두 개 쏘아라 131
어떤 유언 132
골프광 부부의 도둑 대처법 133
슬라이스가 나 버렸잖아! 134
아무도 모르는 홀인원 136
벌써 잊었나? 138
왜 지옥인가? 139
확실한 증거 141
믿을 수가 있어야지 142
훔친 이유 143
공주님과의 식사 144
고단수 사장님 145
튀는 게 좋아서 146
드라이브 중인 사오정 147
김만 제가... 148
청력 검사 149

차례 Contents

문방구에 간 만득이 150

간이 부어서 152

어떤 현상? 153

사투리 때문에 154

못 고치는 잔소리 156

괴태망상 참새 157

사오정 때문에 158

말로 하지 160

보 161

아직 안 탔어 162

수술 보너스 164

씨를 빼 줘야지! 165

쏘시지! 166

농부와 도사 167

작은 새끼는 뒤로 가! 168

교내백일장 문제작 170

예쁜 아가씨의 굴욕 171

이왕이면 173

엉뚱한 횡재 175

최종 면접 177

좋은 방법 179

넘어졌습니다 180

도로아미타불 182

같은 배를 탄 세 남자 185

번지수 착오 189

식인종 아빠 190

Contents

클린턴의 비애 191

남편의 애인 193

어떤 내조 195

우째 이런 일이! 197

어쩌면 좋아 198

눈이 멍든 이유 200

겨우 벗겼는데 201

생각의 차이 202

세 친구의 신혼 생활 203

양보 다는 질 205

사나이 풀이 206

그 약 어디에 썼을까 207

호랑이의 흑심 209

멍청한 남편 211

아파트 남자는 다 알아 212

신병의 누나 소개 213

바람둥이의 흑심 215

하필 목사님이! 216

진짜 속셈 218

증 거 219

산타의 고민 220

난 못 봤다! 221

신상 명세서 222

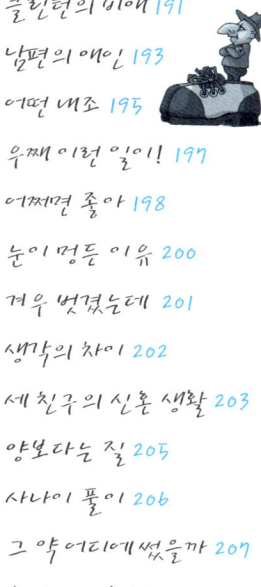

재수 없는 점수

멀구가 시험을 보았는데 50점을 받았다.
선생님은 우리 반 성적이 학교에서 제일 나쁘다고 야단이시다.
"너희들, 어떻게 공부했기에 우리가 꼴등이니? 1등을 해도 시원치 않을 텐데 말이야!"
학생들은 찬물을 끼얹은 듯 조용했다.
"이번 시험에서 50점 미만은 밖으로 나가!"
그 말씀을 듣고 멀구가 가만히 손을 들었다.
"멀구, 무슨 할 말 있나?"
"선생님, 그럼 전 어떻게 해요? 50점인데요…."
선생님의 분은 아직도 풀리지 않아서 얼굴이 붉으락푸르락했다.
"너는 문틈에 끼여 있어!"

누가 바보?

사오정이 심한 감기에 걸려서 엄마와 병원엘 갔다.
진찰을 해 보던 의사가 말했다.
"감기입니다. '바이러스'가 원인인데 좀 심한 것 같군요."
진찰을 마친 사오정이 진찰실을 나오면서 엄마에게 말했다.
"엄마~, 저 의사 바보 아냐? 내가 컴퓨터인 줄 아나 봐."

 **초코파이**

사오정이 교통 위반으로 구치소에 들어가게 되었다.

이미 두 명의 피의자가 있었다.

세 사람은 서로 눈치만 보고 있었다.

그러나 마음 속으로는 세 사람 모두 먼저 기선을 제압해야만 한다고 생각했다.

첫번째 남자가 문신이 가득한 팔을 흔들어대며 말했다.

"우선 통성명이나 합시다. 저는 막가파 박이라고 합니다."

그러자 다른 한 남자가 목소리에 한껏 힘을 주고 말했다.

"오, 그렇소? 나는 명동파 김이요."

사오정은 기가 팍 죽는 느낌이었다.

'나는 아직 아무 파도 없는데, 그럼 이놈들이 날 무시하겠지?'

정신없이 머리를 굴리던 그는 무릎을 탁 치더니 너털 웃음을 터뜨리며 말했다.

"하하하, 반갑소이다. 나는 초코파이오!"

열정적 세일즈맨

한 진공 청소기 외판원이 세일즈를 시작한 첫날 첫 집의 문을 두드렸다.

통통한 주부가 문을 열자마자 외판원은 후다닥 집 안으로 들어가서 교육 때 배운 대로 준비해 온 소 여물을 카펫 위에 뿌렸다.

"주부님, 만약에 이 진공 청소기가 이것들을 전부 못 빨아들인다면, 제가 전부 다 먹어치우겠습니다."

그러자 아줌마가 황당해하며 말했다.

"케첩 좀 뿌려 드릴까요?"

"그게 무슨 말이세요?"

"저희는 오늘 이사 왔는데, 아직 전기가 안 들어왔거든요."

# 심각한 결점

어떤 노인이 자기 친구에게 말했다.
"우리 사위는 나무랄 데가 없는 사람인데 딱 한 가지 결점이 있어."
"그게 뭐지?"
"노름을 할 줄 모른다는 걸세."
"그거야, 결점이라고 할 수 없지 않은가?"
"천만에, 할 줄도 모르면서 자꾸만 하는 게 문제지 뭔가!"

하필 구원

　교회 장로인 YS가 목사와 함께 차를 마시며 종교에 대한 담론을 하고 있었다.
　"목사님, 하나님이 인간에게 '구원'을 주실 바에는 '일원'을 더 보태서 '십원'을 주실 것이지 왜 하필 '구원'만 주셨는지 아십니까?"
　"또 무슨 농담을 하려고 그러십니까?"
　그러자 YS가 진지한 어조로 말했다.
　"그 일원은 십일조로 하나님이 미리 떼어 놓셨답니다."

 천생연분

한 남자가 있었다.
그의 어머니는 늘 이렇게 말하곤 했다.
"아이고, 이놈의 자식아, 내 속 좀 작작 썩여라. 이 다음에 어떤 색시가 시집 올는지 모르지만 고생문이 훤하다."

한 여자가 있었다.
그녀의 어머니는 늘 이렇게 말했다.
"너는 어쩌면 잘하는 게 하나도 없니? 어떤 사내가 데려갈는지 몰라도 너하고 살아 주는 것만 해도 고맙겠다."

그 남녀가 오늘 결혼식을 올리고 있는 것이다.

험난한 신혼 풍경

아내가 설거지를 하며 말했다.

"아기 좀 봐요."

한 시간 동안 아기의 얼굴만 바라보고 있었다. 그리고는 아내가 던진 행주에 얻어맞아 눈탱이가 밤탱이가 되었다.

아내가 청소를 하며 말했다.

"세탁기 좀 돌려요."

남편은 세탁기를 빙빙 돌리다가 바닥의 타일이 몇 개 부서졌고, 아내가 던진 빗자루에 뒤통수를 맞았다.

아내가 TV를 보며 말했다.

"커튼 좀 쳐요."

남편은 커튼을 '툭!' 치고 왔다.
 아내가 던진 리모컨을 피하다가, 벽에 머리통을 부딪쳐 머리통이 부풀어올랐다.

 아내가 빨래를 널며 말했다.
 "방 좀 훔쳐요."
 그래서 남편은 용기 있게 말했다.
 "훔치는 건 나쁜 거야."
 아내가 던진 빨래 집게의 공격을 피하다가, 걸레를 밟고 미끄러져 엉덩이뼈가 부러졌다.

 아내가 만화책을 보던 남편에게 말했다.
 "이제 그만 자요."
 그래서 남편은 점잖게 말했다.

"아직 잠도 안 들었는데 그만 자라니?"

아내가 휘두르는 베개의 풀스윙을 두 대 맞고는 거실로 쫓겨나서 소파에 기대어 한참을 울다가 잠들었다.

누구네 닭?

한 사나이가 고해 성사를 하기 위해 시골 성당에 들렀다.

"신부님, 제가 닭을 다섯 마리 훔쳤습니다."

"허…, 그래선 안 되지요."

"신부님께서 그걸 받아 주시겠습니까?"

"안 됩니다, 그건 주인에게 돌려 주세요."

"그러려고 했는데도 그가 받질 않는 걸요."

"그렇다면 그에게 감사하다고 하고 당신이 그걸 가져도 됩니다."

"아, 그렇군요! 감사합니다. 그럼 이만."

그날 저녁 신부는 자기 집 닭 다섯 마리가 없어진 것을 알았다.

처음부터 다시?

어느 야외 무대에서 기네스 북에 올릴 만한 장장 10시간의 콘서트를 연주자 4명이 쉬지 않고 연주하는 엄청난 연주회가 열렸다.

처음에는 수많은 관중들이 있었으나 모두 지루함을 견디지 못하여 다 돌아가고 결국 10명만이 자리를 지키고 있었다.

10시간 뒤 이를 악물고 연주를 마친 4명의 연주자들이 한숨을 몰아쉬면서 인사를 할 때였다.

그때까지 자고 있던 한 무식한 사람이 문득 잠에서 깨어나 소리를 질렀는데, 이 말을 듣고 나머지 관중들이 모두 기절해 버렸다.

"앙코르!"

알찬 수업

어느 초등 학생이 멀구에게 1일 교사로 와 달라고 부탁을 했다.
"내일 1일 교사로 우리 학교에 와 주세요."
"물론 기꺼이 가마."
"알찬 수업이 되겠죠?"
"물론이지, 기대해도 좋다."
멀구는 자신 만만하게 말했다.

다음 날 1일 교사로 교단에 선 멀구는 아이들을 향해 큰 소리로 외쳤다.
"오늘 자습이다!"

어중이 떠중이

옛날 어느 고을에 한 고승이 살았다.
그 고을에서 그를 본 사람은 한 사람도 없었지만 뒷산에서 100년이 넘게 수행을 하고 있다고 전해져 오고 있었다.
어느 날 동네가 발칵 뒤집어졌다.
그가 온 것이다.
모든 사람들은 그를 주시하고 그 스님은 불경을 외웠다.
그러자 눈앞에 펼쳐지는 공중 부양술!
모든 사람들이 박수를 쳤고 그 중 한 할머니 왈,
"어? 중이… 떠? 중이…?"

감자 3형제의 죽음

어느 마을에 '감자' 3형제가 살았다.

어느 날, 감자 3형제는 자기가 진짜 감자인지 알고 싶었다. 그래서 첫째 감자가 구멍 가게 아저씨를 찾아갔다.

"아저씨, 저 감자 맞아요?"

그랬더니 웃으며 말했다.

"당근이지(당연하지)."

그래서 첫째 감자는 자기가 '당근'이라고 생각하고 자살을 하였다.

둘째 감자는 할머니를 찾아갔다.

"할머니, 저 감자예요?"

할머니는 귀여워 못 견디겠다는 듯이 말했다.

"오이야(오냐)."

그래서 둘째 감자는 자기가 '오이'라고 생각하고 또 자살을 하였다.

셋째 감자는 최불암 아저씨를 찾아갔다.
"아저씨, 저 감자 맞아요?"
최불암 아저씨는 뭐 그런 당연한 것을 묻느냐는 듯 웃음을 터뜨렸다.
"파!(웃음 소리)"
그래서 셋째 감자는 자기가 '파'라고 생각하고 또 자살을 하고 말았다.

오정이의 주문

사오정이 고급 레스토랑에 갔다.
"뭘 드시겠습니까?"
웨이터의 주문에 오정이의 누나와 동생은 스테이크를 주문했다.
"어떻게 해 드릴까요?"
누나는 얘기했다.
"난 미듐(midium)으로."
동생도 말했다.
"나도 미듐으로."
그러자 오정이가 몹시 난처한 얼굴로 말했다.
"어쩌지? 난 라아지(L)나 엑스라지(XL)는 먹어야 배가 차는데…."

물러 왔습니다!

갓 훈련소에서 훈련을 마친 이명구가 자대 배치를 받았다.

며칠 후 어느 날 밤, 배가 고팠던 선 병장이 명구를 불렀다.

"야, 이 컵라면 물 넣어 와…."

"넷, 실시!"

명구는 컵라면을 들고 정신없이 뛰어나갔다.

그런데 아무리 기다려도 돌아오지 않았다.

40분 후 명구가 빈손으로 돌아왔다.

그리고 선병장에게 잔돈 오백 원을 주면서 자랑스럽게 이야기하는 것이었다.

"물러 왔습니다!"

선 병장은 벌어진 입을 다물 수가 없었다.

신토불이

　식인종 백 명이 한 마을에 살고 있었다.

　그런데 언제부턴가 하루에 식인종이 한 명씩 사라지고, 숲 속에서 앙상한 뼈만 발견되곤 했다.

　식인종 수가 70명 선으로 줄어든 날 밤 마침내 범인이 잡혔다.

　놀랍게도 범인 역시 식인종이었다.

　기가 막힌 추장이 추상같은 호령을 내렸다.

　"인마, 왜 식인종이 식인종을 잡아먹는 거야?"

　범인이 당연하지 않느냐는 듯 대답했다.

　"신토불이!"

유비 무환

　귀여운 꼬마가 약국을 찾아와 의심스러운 듯이 약사를 올려다보며 물었다.
　"아저씨는 약사 면허증을 가진 게 분명하죠?"
　"그럼, 약사 면허증 없이 어떻게 약을 파니?"
　"그래요? 그러면 아저씨는 지금까지 실수로 손님에게 독약을 잘못 주어 사람을 죽게 한 사실은 없겠죠?"
　"큰일날 소리! 그런 실수를 범하면 어떻게 하라구! 그런 적은 결코 없단다."
　"분명하죠?"
　"그럼, 분명하고말고!"
　"그렇다면 좋아요, 반창고 하나 주세요."
　"뭐, 뭐야?"

멀구의 직업

멀구가 교통 사고로 엄지손가락을 잃었다.

보험 약관에는 생계를 전적으로 의지하고 있는 부분이 부상을 입게 되면, 100% 보상을 해 주게 되어 있었다.

멀구는 100% 보상을 받았다.

사람들은 멀구의 직업이 궁금했다.

"멀구의 직업이 뭐지?"

"멀구의 직업은 '히치하이커'래."

   (히치하이커는 '자동차 편승자'로 엄지손가락으로 가는 방향을 가리키면 그 방향으로 가는 자동차들이 멈춰 그들을 태워 줌.)

과대망상 개미

어느 수영장에서 몹시 화가 난 듯한 개미가 풀 안에서 수영하는 코끼리를 노려보며 소리를 질렀다.

"야! 코끼리."

그러나 코끼리는 들은 척도 하지 않고 계속 수영을 했고, 개미는 더 큰 소리로 수영장이 쩌렁쩌렁 울리도록 떠들었다.

"야, 인마. 코끼리! 너 이리 와."

기가 찬 코끼리가 피식 웃으며 개미에게 갔다.

"왜?"

"너 이리 나와 봐!"

코끼리는 어이가 없었지만 어찌 하나 보려고 풀 밖으로 나갔다.

그러자 개미는 코끼리의 위아래를 흘끔 쳐다보

더니 말했다.
"됐어, 들어가 봐."
코끼리는 화를 꾹 참으며 개미에게 물었다.
"근데 왜 나오라고 했어?"
개미는 별일 아니라는 듯 대답했다.
"우~씨, 누가 내 수영복을 훔쳐갔잖아. 난 또 네가 내 거 입은 줄 알고…."

돼지의 1주일 식단

월요일: 원래 먹는다.
화요일: 화끈하게 먹는다.
수요일: 수없이 먹는다.
목요일: 목 터져라 먹는다.
금요일: 금방 먹고 또 먹는다.
토요일: 토하도록 먹는다.
일요일: 일어날 수 없도록 먹는다.

막강한 실력자

누가 오줌을 많이 누는가를 가리는 세계 대회가 열렸다. 강력한 우승 후보들인 일본·미국·한국의 선수들이 차례로 나섰다.
 먼저 일본 선수가 세 드럼을 채웠다.
 곧이어 미국 선수가 다섯 드럼.
 장내에 함성이 울려퍼졌다.
 마지막으로 등장한 한국 선수가 '일'을 보고 나자 장내 아나운서가 외쳤다.
 "한국 선수 한 드럼."
 그 말을 들은 관중들은 "우우!" 하고 야유를 보냈다. 곧 장내 아나운서의 한마디가 덧붙여졌다.
 "턴 것만."

경상도와 서울 사이

서울의 지하철에서 경상도 사람 두 명이 이야기를 나누고 있었다.

그때 옆에 있던 서울 사람이 불편한 표정으로 말했다.

"좀 조용히 합시다."

그러자 경상도 남자 한 명이 목소리를 높였다.

"이기 니끼가?"

그 말을 들은 아까 서울 사람의 친구가 자기 친구에게 말했다.

"봐, 내가 일본 사람이라고 했잖아!"

똑같은 취향

어떤 총각이 길을 가다가 너무 목이 말라 물을 찾기 위해 두리번거리고 있었다. 그런데 멀리서 한 할머니가 500cc 생맥주 잔에 물을 가득 담아 아주 시원하게 마시고 있지 않은가?

총각은 단숨에 할머니에게 달려가서 부탁했다.

"저…, 목이 너무 말라서 그러는데, 물 한 모금만 주세요."

할머니는 고맙게도 선뜻 잔을 건네주며 말했다.

"그려 마셔."

그런데 말할 때 할머니의 이를 보니 누렇게 때가 끼여 있었다.

'목이 이렇게 타는데 물을 안 마실 수도 없지 않은가?'

총각은 궁리 끝에 할머니가 가장 입을 대지 않

앉을 것으로 생각되는 맥주 잔의 손잡이 부분으로 물을 마셨다.

시원하게 마시고 나자 할머니가 신기하다는 듯 말했다.

"총각, 어쩜 나랑 취향이 그렇게 똑같수?"

현대판 로미오와 줄리엣

굉장히 사이가 나쁜 두 집안이 있었다.

그런데 그 집안의 딸 둘과 아들 둘은 서로를 너무나 사랑해 결혼을 하려고 마음먹고 있었다.

그러던 중 한 집안의 아버지가 세상을 떠났고 아들은 어머니에게 말했다.

"어머니, 저 그녀랑 결혼하려고 합니다."

그러자 어머니가 깜짝 놀라서 말했다.

"아니, 아버지가 들으시면 깜짝 놀라 무덤에서 돌아누우시겠다."

그러자 아들은 태연하게 말했다.

"걱정하지 마세요, 어머니. 동생도 그 댁 딸과 결혼할 거니까, 다시 제자리로 돌아누우실 겁니다."

어쨌거나

자수 성가한 세 아들이 있었다. 신앙심 깊은 어머니 생신을 맞아 모두 특별 선물을 사 드렸다.

큰아들은 집을 지어 드렸고, 둘째 아들은 고급 승용차를 사 드렸으며, 셋째 아들은 성경을 완전히 암송하는 귀한 앵무새를 사서 보내 드렸다.

얼마 후 어머니는 아이들에게 고맙다는 사연을 적어 보냈다.

"큰애야, 네가 지어 준 집은 너무 커서 방 하나만을 사용하고 있단다."

"둘째야, 나는 거의 집에서만 시간을 보내니 자동차는 좀처럼 쓸 일이 없구나."

"사랑하는 막내야, 너는 용케 어미가 좋아하는 걸 알아 주는구나. 그 닭 정말 맛 좋더라."

번짓수가 틀렸네요

한 남자가 약국에 들어가서 약사에게 딸꾹질에 잘 듣는 약을 달라고 하였다.

약사는 잠시 생각하더니 약을 찾는 척하다가 갑자기 남자의 뺨을 때렸다.

찰싹!

화가 난 남자가 소리쳤다.

"뭐… 뭐하는 겁니까!?"

"딸꾹질 정도에 약을 먹는 것은 몸에 좋지 않아요. 보세요. 딸꾹질이 그쳤잖아요? 그렇죠?"

"아니요~! 내 마누라가 차 안에서 딸꾹질을 하고 있어요."

분만실 앞에서

분만실 앞에서 네 명의 남자가 부인의 분만을 초조하게 기다리고 있었다.

잠시 후에 간호사가 나와서 첫번째 남자에게 말했다.

"축하합니다, 귀여운 쌍둥이 아빠가 되셨어요."

"정말 우연의 일치군. 나는 LG Twins 팀에서 일하고 있어요."

되돌아간 간호사가 다시 나와 두 번째 남자에게 말했다.

"선생님은 세 쌍둥이 아빠가 되셨어요."

"아니, 이런 우연이! 나는 삼성에서 일한단 말입니다."

세 번째 남자에게 온 간호사가 말했다.

"어머, 기네스북 감이에요. 일곱 쌍둥이가 나왔

어요."
"세상에 설마 했는데…! 나는 칠성 사이다에서 일해요."
그러자 갑자기 네 번째 남자가 기절을 했다.
그가 정신이 든 후, 간호사가 물었다.
"왜 그러세요? 뭐가 잘못 됐나요?"
"나는 119 구조대에서 일한단 말이오."

 엽기 시계

한 남자가 새 아파트로 이사를 하여 친구를 초청했다. 초청받은 친구가 들어와서 집 안을 둘러보다가 큰 솥뚜껑과 망치가 있는 것을 보고 궁금한 나머지 물어 보았다.
"이건 뭐하려고 둔 거니?"
"아, 그건 말하는 시계야. 새벽에 보여 줄게."
새벽까지 술을 마시며 놀다가 친구가 말했다.
"아까 말하는 시계 좀 보여 줘."
남자가 망치로 솥뚜껑을 시끄럽게 쳐댔다.
그러자 옆집에서 목소리가 들렸다.
"야! 조용히 안 해? 이 멍청아! 지금이 몇 신줄 알아! 새벽 2시야!"

 주번과 구번

선생님이 교실이 더러운 것을 보고 말했다.
"주번 누구야!"
그러자 한 아이가 걸어 나왔다.
"이거 책임을 다하지 않은 거 맞지?"
선생님은 매운 꿀밤을 몇 대 쥐어박았다.
아이들은 동정어린 눈으로 아이를 바라보았다.
다 맞고 나서 아이가 선생님에게 억울하다는 듯 물었다.
"근데, 제가 맞은 이유가 뭐예요?"
선생님은 더 화가 났다.
"몰라? 그럼 더 맞아!"
아까보다 더 매운 꿀밤이 파파팍, 내리꽂혔다.
"선생님, 제가 왜 맞는 건데요?"
그때 죄책감을 느낀 듯한 한 학생이 일어나서

말했다.

"선생님, 오늘 주번은 전데요."

선생님의 눈이 동그래졌다.

"뭐? 그럼… 너, 주번 아니야?"

실컷 꿀밤을 얻어맞은 아이가 고개를 흔들며 말했다.

"저 주번 아닌데요."

"근데 왜 나왔어?"

"구 번 나오라고 하셨잖아요…."

따질 걸 따져야지

어떤 사람이 식당에 들어가 '쇠고기덮밥'을 주문했다.

음식이 나와서 보니 쇠고기가 한 점도 보이지 않았다.

기분이 상한 그 손님이 주인에게 따져 물었다.

"여보 주인 양반, 쇠고기덮밥에 쇠고기는 하나도 보이질 않으니 어찌 된 거요?"

주인이 픽 웃으며 대답했다.

"손님도, 참. 아니, '천사의 집'이라고 이름 붙인 집에 가면 천사가 삽니까?"

무얼 들었는지

배심원은 범죄 사건의 정황을 듣고 나서 피고의 유죄 여부를 결정하도록 일반 시민들 중에서 선발된 사람들이다.

"배심원 여러분들은 사건에 익숙해지기 위해 설명을 자세히 들어야 합니다."

"네, 잘 알겠습니다."

그래서 베이커 판사는 세 시간 동안 사건의 세부 사항들을 설명하고 나서 끝으로 물었다.

"뭐 딴 질문 없어요?"

그때 유난히 눈을 반짝이며 경청하고 있던 한 젊은 여자가 말했다.

"판사님, 원고는 뭐고 피고는 뭔지 설명을 해 주세요."

메뉴판에 적힌 것만

멍구가 한 음식점에 웨이터로 취직을 했다.

어느 날, 하필 모기가 멍구의 엉덩이를 물어 가려움을 참기 힘들었다.

주문을 받기 위해 서 있는 동안에도 멍구는 엉덩이 중앙 부위를 무지막지하게 긁어댔다.

그러자 손님이 이맛살을 찌푸리며 멍구에게 이렇게 물었다.

"저 혹시 치질 있어요?"

그러자 멍구가 하는 말,

"죄송합니다, 손님. 메뉴판에 적힌 것만 주문해 주십시오."

공교로운 오해

그 날도 변함없이 예수님이 죽은 자를 심판하고 있었다.

그때 눈에 너무 익은 한 노인이 심판을 받으러 왔다.

예수님은 혹시 이승에서의 자기 아버지가 아닌가 하는 생각에 노인에게 물었다.

"당신은 아들이 있습니까?"

예수님의 말에 노인은 흔쾌히 대답했다.

"네, 그렇습니다."

"그렇다면 당신 아들의 특징을 한번 말씀해 보시겠습니까?"

"제 아들은 손과 발에 못자국이 있습니다."

노인의 말을 들은 예수님,

"흑…, 아버지!"

너무나 벅찬 감격 때문에 예수님은 더 이상 말을 잇지 못했다.
  노인도 아들을 찾았다는 기쁨에 눈물을 흘리며 말했다.
  "오, 내 아들 피노키오야!"

세상 참 좁군

두 남자가 골프를 치고 있는데 바로 앞에는 두 명의 여자가 치고 있었다.

그녀들은 볼 한 번 치는데 5분, 잘못 쳐서 숲으로 간 볼 찾는 데 10분, 겨우 그린에 올라가서도 퍼팅하는 데 몇십 분씩 걸리는 것이었다.

"끙! 내가 가서 먼저 지나가도 되겠느냐고 말하고 올게."

첫번째 남자가 이렇게 말하고 그린 쪽으로 뛰어갔다. 그런데 그린을 20미터쯤 남기더니 급히 돌아서 허겁지겁 다시 뛰어왔다.

"젠장, 못하겠어! 한 여자는 내 마누라고, 또 한 여자는 내 애인이야, 글쎄."

"그래? 그럼 내가 말하고 올게."

두 번째 남자가 그린 쪽으로 뛰어갔다.

그런데 그린까지 거의 갔던 그 남자도 갑자기 뒤로 돌아 다시 헐레벌떡 뛰어왔다.
"왜? 무슨 문제 있어?"
"세상이 참 좁구먼!?"

실내화가 된 사오정

사오정이 멋진 몸을 만들기 위해 헬스장을 찾았다.
"하나 둘, 하나 둘!"
비실비실한 몸에도 불구하고 헬스 기구로 열심히 운동을 하는 오정이에게 우락부락 근육질을 자랑하는 사내가 다가와서 시비를 걸었다.
"너 운동하냐?"
은근히 성깔 있다고 자부하는 오정이, 도저히 참지 못하고 한마디 한다.
"아뇨, 실내환데요."

수술하기 쉬운 사람

외과 의사 4명이 카페에서 칵테일을 마시며 대화를 하고 있었다. 첫번째 의사가 수술하기 쉬운 사람에 대해 말을 꺼냈다.

"나는 도서관 직원들이 가장 쉬운 것 같아. 그 사람들 뱃속의 장기들은 가나다순으로 정렬되어 있거든."

그러자 두 번째 의사가 말했다.

"난 회계사가 제일 쉬운 것 같아. 그 사람들 내장은 전부 다 일련 번호가 매겨져 있거든."

세 번째 의사도 칵테일을 한잔 쭉 마시더니 이렇게 말했다.

"난 전기 기술자가 제일 쉽더군. 그 사람들 혈관은 색깔별로 구분되어 있잖아."

세 의사의 얘기를 듣고 있던 네 번째 의사가 잠

시 생각에 잠기더니 이렇게 말을 받았다.
 "난 정치인들이 제일 쉽더라구. 그 사람들은 골이 비어 있고, 뼈대도 없고, 쓸개도 없고 소갈머리, 배알머리도 없고, 심지어 안면도 없잖아."

그 엄마에 그 아들

유치원의 간식 시간에 선생님이 길동이에게 말했다.
"길동아, 이 과자 먹으렴."
"그 빌어먹을 과자 안 먹어요."
선생님은 놀라서 입이 안 다물어졌다.
선생님은 전화를 해서 다음 날 길동이 엄마를 유치원에 오라고 했다.
간식 시간이 되어 선생님은 엄마를 커튼 뒤에 세워 놓고 말했다.
"길동이 어머니, 여기서 좀 지켜보세요."
그러더니 길동이에게 말했다.
"길동아, 이 과자 한번 먹어 보렴."
"그 빌어먹을 과자 안 먹는다니까."
선생님은 엄마를 커튼 뒤에서 나오게 하고는 말

했다.

"길동이가 뭐라고 했는지 들으셨어요?"

엄마는 주저하지 않고 당당하게 말했다.

"들었어요, 그 빌어먹을 과자 안 먹는다잖아요. 억지로 주지 말아요."

 투피스 수영복

어느 해수욕장에서 한 여자가 보기에도 아슬아슬한 비키니 수영복을 입고 걸어가고 있었다.

그러자 해수욕장의 관리인이 그 여자를 불러서 말했다.

"아가씨, 이 곳에서는 투피스 수영복은 못 입게 돼 있습니다."

그러자 그 아가씨가 말했다.

"그럼 둘 중에 어느 것을 벗을까요?"

시골 다방의 커피 주문

삼필이 동생 삼순이가 백수 생활에 지쳐 시골 다방에 취직을 했다.

하루는 화려하게 옷을 입은 여자 세 사람이 들어왔다.

삼순이는 주문을 받으러 조르르 달려갔다.

"뭘로 드릴까요…?"

"음, 난, 모카!"

"나는 헤이즐럿!"

"난 카푸치노 주세요."

그러자 삼순이는 주방 쪽을 향해 목청을 높여 말했다.

"언니! 여기 커피 석 잔."

61번째 특종

어느 날 오후, 대정이가 목욕탕에 가는데, 멀리서 이상한 소리가 들렸다.
"특종이요! 특종."
신문팔이 소년이 외치는 소리였다.
"특종이요, 특종! 순식간에 60명이 사기를 당했어요."
특종이라는 말에 대정이는 얼른 신문을 샀다.
그러나 아무리 뒤져봐도 특종은 보이지 않았다.
"이게 뭐야? 뭐가 특종이란 말이야?"
그러자 신문팔이 소년이 이렇게 외치며 달아나는 것이었다.
"특종이야, 특종! 순식간에 61명이 사기당했대요."

편의점에 간 사오정

영칠이가 편의점에 들어갔다.
"아줌마, 햄버거 하나하고 콜라 주세요."
카운터에 있는 아줌마가 대답했다.
"햄버거 없어."
"그러면 햄버거하고 사이다 주세요."
아줌마는, '이런 바보가 있나!' 싶어서 짜증이 났다.
"햄버거가 없다니까!"
"아, 그러면 햄버거하고 환타 주세요."
"이 사람이! 햄버거 없다니까 자꾸 왜 그래?"
영칠이는 잠시 고개를 갸웃 하더니 말했다.
"나 참, 이 가게에는 없는 게 왜 그렇게 많아요? 그럼 햄버거만 주세요."

 부드러운 통보

한 병원에서 의사가 인턴에게 말했다.
"305호실 박영희 환자, 앞으로 6개월밖에 안 남았어. 가서 말해 줘."
인턴은 병실로 들어가서 말했다.
"박영희씨, 곧 죽을 거예요."
환자는 그 말을 듣고 심장마비로 사망했다.
의사가 인턴을 불러서 혼을 내며 말했다.
"310호실 이철수 환자는 한 달밖에 안 남았어. 이번엔 좀 부드럽게 말해 봐."
인턴은 병실로 살며시 들어가서 조용히 콧노래를 부르며 환자의 귀에 대고 웃으며 말했다.
"이철수씨, 이 달 말에 죽을 사람이 누군지 한번 맞혀 봐~요…!"

더 중요한 것

어떤 아버지가 지방에서 서울의 대학교로 딸을 유학 보냈다.

아버지는 논과 밭을 다 팔아서 딸의 뒷바라지를 열심히 했다. 여름 방학이 되자 성숙된 모습의 여대생이 되어 딸이 고향집에 찾아왔다.

딸은 먼저 아버지에게 큰절을 했다.

그리고는 갑자기 큰 소리로 울기 시작했다.

"엉엉, 아부지, 지는 이제 처녀가 아니구만유."

이 말을 들은 아버지는 화가 난 나머지 딸을 마구 때렸다. 그리고는 화가 풀리지 않은 목소리로 딸에게 소리쳤다.

"네 이년! 내가 뼈빠지게 고생해서 서울로 유학까지 보냈는데, 아직도 사투리를 못 고치다니! 망할년 같으니라고!"

친절한 간호사 때문에

나이가 지긋한 할아버지가 병원에 입원하게 되었다. 그런데 담당 간호사가 너무 친절하게 서비스해 주는 것이었다.

하루는 노인이 안락 의자에 앉아 몸을 왼쪽으로 기울이고 불편한 자세로 앉아 있었다. 그 모습을 본 간호사는 얼른 왼쪽 옆구리에 베개를 하나 받쳐 주었다.

다음 날 회진 때 보니 노인이 이번에는 오른쪽으로 몸을 완전히 기울이고 앉아 있는 것이었다. 그래서 이번에는 오른쪽 옆에 베개를 받쳐 주었다.

그런데 그 다음 날은 몸을 앞으로 기울인 채 앉아 있기에 아예 의자 등받침과 노인의 몸통을 끈으로 묶어 주었다.

가족들이 면회를 와서 노인에게 물었다.

"아버지, 병원이 마음에 드세요?"
그러자 노인은 밝은 표정을 지으며 대답했다.
"응, 간호사도 너무 친절하고 좋아. 그런데…."
"무슨 문제가 있으세요?"
"간호사가…방귀를 못 뀌게 해."

전(前)과 후(後)의 태도

한 심술궂게 생긴 노인이 은행으로 걸어 들어와 창구의 여자 은행원에게 말했다.

"내가 그 빌어먹을 계좌를 개설하고 싶은데."

놀란 은행원이 대답했다.

"죄송합니다, 선생님. 무슨 말씀인지 알아듣지 못했는데요. 뭐라고 말씀하셨어요?"

"이런 제길할, 똑바로 들으라구. 지금 당장 이 빌어먹을 은행에서 그 빌어먹을 계좌를 하나 개설하고 싶단 말이야."

"죄송합니다, 선생님. 그런데 이 은행에서는 그런 상소리를 하시면 곤란합니다."

여행원은 그렇게 말하고선 뒤에 앉은 부장에게 걸어가 상황을 설명했다.

부장은 창구로 와서 욕쟁이 노인에게 물었다.

"무슨 문제가 있습니까?"
"이런 제기랄, 문제는 무슨 빌어먹을 문제야?" 내가 이제 막 그 빌어먹을 복권 추첨에서 30억 원에 당첨됐다구. 그러니 이 빌어먹을 은행에서 그 빌어먹을 계좌를 하나 개설해야 된다구. 이런 염병할."
그 순간 부장의 얼굴이 180도 달라졌다.
"알았습니다, 즉시 개설해 드리겠습니다."
그리고 부장은 이렇게 덧붙였다.
"그런데, 이 빌어먹을 여자가 선생님을 귀찮게 했나요?"

누구의 엄마?

한 여학생이 학교에서 밤늦게 집으로 오고 있었다. 그런데 어떤 남자가 뒤를 계속 따라오는 것이었다.

두려움에 떨며 가던 여학생은 마침 앞에서 걸어오는 아주머니가 있기에,

"엄마! 나 늦었지?"

하고 말했다.

그러자 뒤에 따라오던 남자가 하는 말…,

"엄마, 얘 누구야?"

전구와 나뭇조각

　정신과 의사가 아침에 회진을 돌던 중 2인실에 들어갔다.
　그런데, 한 명은 바닥에 앉아 두 개의 나뭇조각을 꿰매는 척하고 있고, 다른 한 명은 두 발로 천장에 매달려 있었다.
　"지금 뭐하고 있어요?"
　의사가 묻자 환자가 대답했다.
　"나뭇조각을 꿰매고 있는 거 안 보여요?"
　"그럼, 저기 천장에 매달려 있는 친구는 뭐하는 거지요?"
　"아, 제 친구인데 좀 미쳤어요. 자기가 전구인 줄 알고 있어요."
　"당신 친구라면 다치기 전에 내려오라고 해 줘야겠지요?"

의사의 말에 나뭇조각을 꿰매는 척하는 환자가 발칵 화를 내며 말했다.
"뭐라고요? 그럼 나더러 깜깜한 데서 일을 하란 말이에요?"

아니, 이런!

기네스 기록 도전이 인생의 목표인 한 남자가 있었다. 이 남자가 이번에는 개미를 춤추게 하는 기록에 도전하였다.

10년이 지나고 피나는 노력 끝에 이 남자는 음악에 맞추어 개미를 춤추게 하는 경지에까지 이르렀다.

드디어 기네스 경기 당일날, 남자는 배가 너무 고파서 한 식당에 들어갔다.

음식을 시키고 개미가 잘 하고 있는지 마지막으로 확인을 하기 위해서 개미를 꺼냈다.

음악을 틀자마자 개미는 연신 엉덩이를 흔들며 신들린 듯 춤을 추는 것이었다.

'아, 성공은 따 놓은 당상이로군!'

남자는 흡족한 마음에 자랑을 하고 싶어서 웨이

터를 불렀다.

"웨이터! 이리 와서 이것 좀 봐!"

웨이터가 다가와 개미를 보더니,

"어, 이런!"

미안한 기색으로 개미를 조용히 꾸욱 눌러 압사시켰다.

"손님, 죄송합니다. 다음부터는 이런 실수가 없게 하겠습니다."

건망증 말기

한 병원에 환자가 찾아와서 다급한 목소리로 병세를 늘어놓았다.
"의사 선생님, 제 기억력이 완전히 나가버렸어요. 아내 이름도 잊어버렸고, 애들 이름도 잊어버렸고, 직장이 어딘지도 잊어버렸어요. 이제 어떻게 하면 좋아요?"
의사의 얼굴이 심각하게 굳어졌다.
"자, 진정하세요. 얼마 동안이나 이런 증세가 있었지요?"
그러자 환자가 멀뚱한 표정으로 되물었다.
"무슨 증세 말입니까?"

머리를 쓴 사오정

오정이네 학교에서 중요한 시험이 있었다.

시험 시간은 2시간인데 1분 1초라도 늦게 내면 F학점 처리를 한다고 했다.

그런데 오정이는 아는 것이 없어 문제를 풀다가 그만 졸고 말았다.

시간이 지나서야 오정이는 후닥닥 일어나 시험지를 교수에게 제출하였다.

교수는 오정이의 행동을 보고 있었기 때문에 너무나 화가 났다.

"넌 이번 시험에 점수 없어! 0점 처리야!"

오정이는 시무룩한 표정으로 교수에게 물었다.

"선생님, 제가 누군 줄 아십니까?"

"이 건방진 놈! 날 협박하려는 거냐?"

오정이는 목소리를 더 높였다.

"제가 누군 줄 아시냐고요?"

화가 난 교수는 오정이를 한 대 칠 기세로 쏘아붙였다.

"네가 누군 줄 내가 어떻게 알아? 엉?"

"아, 그럼 됐습니다, 교수님."

그러자 오정이는 재빨리 교수 책상 위의 그 많은 시험지 가운데 자신의 시험지를 싹 끼워 놓고 걸음아, 날 살려라 도망을 치는 것이었다.

머리 좋은 아내

드라이브를 즐기던 어느 부부가 사소한 일로 말다툼을 벌였다.

서로 말도 않고 썰렁하게 집으로 돌아오는데 문득 차량 밖으로 개 한 마리가 얼쩡거리는 게 눈에 띄었다.

남편이 아내에게 빈정대며 말했다.

"당신 친척이잖아? 반가울 테니 인사나 하지."

남편의 말이 떨어지기 무섭게 아내가 그 개에게 소리쳤다.

"안녕하셨어요, 시아즈버님!"

우체국에서 생긴 일

우체국에서 한 직원이 '하나님께'라고 씌어진 편지를 보고는 혹시 무슨 내용인가 하는 마음에 뜯어 보았다.

그 내용은 이러했다.

'하나님, 저는 수십 년을 사는 동안 하나님께 아무것도 바란 적이 없었는데 지금 10만 원이 절실히 필요하답니다. 제발 저에게 10만 원만 보내 주시면 안 되겠습니까?'

직원들은 편지 내용의 호소력에 넘어가 돈을 모아 9만원을 보내 주었다.

몇 주 후에 다시 '하나님께'라고 적힌 편지가 도착했다.

그 편지에는 이런 글이 적혀 있었다.

'보내 주신 돈은 잘 받았습니다. 정말 감사합니

다. 그런데, 제가 9만 원밖에 못 받았어요. 아마도 틀림없이 그 빌어먹을 우체국 놈들이 빼돌렸을 거예요.'

아내 자랑

세 친구가 술집에서 자기 아내에 대한 얘기를 나누고 있었다.

서로 어떻게 하면 마누라를 순종하게 하는지 자랑을 했고, 마누라가 자신에게 꼼짝 못하고 산다고 으스댔다.

그러나 한 친구는 계속 침묵을 지키고 있었다.

다른 두 친구가 말했다.

"이봐, 자네는 어때? 얘기 좀 해 봐."

그러자 한참을 생각하더니 말했다.

"우리 마누라는 무릎을 꿇고 엎드려서 내 앞으로 다가오지."

"와아, 그래? 그래서 어떻게 되나?"

"그리고 마누라는 내게 이렇게 말한다네."

이야기를 듣는 두 친구의 표정에는 부러워하는

빚이 역력했다.
"침대 밑에서 빨랑 안 나오면 정말 국물도 없다! 알았어?"

소매치기 사오정

　계속해서 경기가 나빠지자 사오정네 집도 부도가 났다.
　사오정은 할 수 없이 소매치기를 하기로 했다.
　지하철에 가서 만만해 보이는 사람을 골라 슬쩍 지갑을 빼냈다.
　시간이 지나자 만만해 보이는 사람이 사오정에게 말을 건넸다.
　"지금 몇 시죠?"
　그러자 어색하게 웃으며 사오정이 하는 말,
　"짜식, 눈치 깠구나…."

'그래서'와 '그러나'

어느 날 사오정과 손오공이 함께 길을 걷고 있었다.

한참 걷고 있는데 깡패들이 나타났다.

이 중 한 명이 손오공의 멱살을 잡고 말했다.

"야, 나 미아리 갈친데 돈 있는 거 다 내놔."

그러자 손오공은 이들을 무섭게 노려보더니,

"그래서…!"

하고 말했다.

"와, 보통 아닌데? 도망 가자!"

손오공의 박력에 기가 꺾인 깡패들은 후닥닥 달아나 버렸다.

옆에서 보고 있던 사오정은 이 모습에 크게 감명받았다.

'나두 언젠가 꼭 써 먹어야지.'

그 다음 날 사오정은 저팔계와 길을 가다 똑같은 깡패를 만나게 되었다.

깡패는 그때와 똑같은 레퍼토리를 반복하고 돈을 요구했다.

이때 사오정이 손오공의 멋졌던 위기 대처 능력을 기억해 내면서, 얼굴에 불끈 힘을 주고 대꾸하였다.

"그러나…!"

잘 가요, 엄마

한 청년이 물건을 사기 위해 슈퍼마켓을 둘러보고 있었는데, 한 노부인이 자기를 유심히 보고 있는 것을 깨달았다.

하지만 전혀 짚이는 게 없었기 때문에 무시하고 계속 볼일을 보았다. 그런데 그가 계산하기 위해 줄에 서자 노부인이 앞으로 끼여들었다.

"실례해요, 내가 댁을 자꾸 쳐다본 게 신경 쓰였다면 미안하우. 댁이 최근에 세상을 떠난 내 아들놈을 닮아서 그랬다우."

"저런…."

안쓰러운 마음에 청년이 물었다.

"제가 뭐 도와 드릴 일이 있나요?"

노부인이 반가워하며 고개를 끄덕였다.

"그렇수, 내가 나갈 때 우리 아들이 했던 것처럼

'잘 가요, 엄마!'라고 말해 주겠수? 그래 준다면 맘이 좀 편할 것 같은데."

"그렇게 하죠."

청년은 떠나는 노부인에게 외쳤다.

"잘 가요, 엄마."

계산대 앞으로 나간 그는 전부 127달러 50센트의 계산이 나온 것을 보았다.

"말도 안 돼요, 난 자질구레한 것들 몇 개를 샀을 뿐인데요."

하고 청년이 항의하자 점원 왈,

"댁의 엄마가 댁이 다 계산할 거라고 했다고요."

두 꼬마의 허풍

어떤 두 꼬마가 병원에 입원해서 옆 침대에 나란히 눕게 되었다.

한 꼬마가 침대에 몸을 기대며 물었다.

"넌 왜 여기 왔어?"

다른 꼬마가 대답했다.

"나는 편도선을 수술하러 왔는데 아플까 봐 좀 무서워."

먼저 꼬마가 말했다.

"전혀 걱정할 것 없어. 나도 그 수술 받았었는데, 마취하고서 한잠 푹 자고 나면 아이스크림을 잔뜩 줘. 까짓 거 식은 죽 먹기야."

이번에는 나중 꼬마가 물었다.

"넌 왜 여길 온 거니?"

먼저 꼬마가 대답했다.

"응, 난 포경 수술 받으러 왔어."
그러자 나중 꼬마가 말했다.
"와! 난 태어날 때 그걸 했는데, 일 년 동안 걷지를 못했어!"

가장 오정이다운 질문

어느 날 삼장 법사가 오정이를 불러서 이렇게 말했다.

"넌 지금 즉시 대마왕 성에 가서 대마왕과 대결하고 오너라!"

"네, 법사님"

오정은 그렇지 않아도 몸이 근질근질하던 차라 얼른 대마왕의 성에 갔다. 오정이가 성에 들어가자 성 안에 279개의 계단이 보였다. 그리고 그 계단 꼭대기에 대마왕이 서 있는 것이었다.

오정이를 본 대마왕은 계단을 하나씩 내려왔다. 그리고 무시무시한 목소리로 포효하듯 외쳤다.

"나는 대마왕이다!"

계속 계단을 한 칸씩 내려오며 더 크고 더 무섭게 "나는 대마왕이다!"를 외쳤다.

드디어 마지막 한 계단에 이르렀을 때는 그 목소리에 유리창이 깨질 정도였다.
 "나는 대마왕이다!"
 그것을 지켜본 오정이는 씩 웃으며 이렇게 한 마디를 던졌다.
 말 한마디로 천하의 대마왕을 기절시킨 그 말,
 "넌 누구냐?"

정적(政敵)

키가 150센티도 안 되고, 몸무게도 40kg 정도밖에 안 되는 야당 의원을 보고, 거인처럼 덩치가 큰 여당 의원이 입에 거품을 물고 청문회장에서 몰아세우고 있다.

"여보, 당신을 내가 꼴깍 삼켜 버려도 아무도 내가 무엇을 삼켰는지 모를 거요."

그러자, 자그마한 덩치의 야당 의원이 하는 말,

"그렇게만 한다면 당신은 당신 머리가 갖고 있는 두뇌보다 몇십 배 더 좋은 두뇌를 당신 뱃속에 가지는 셈이 될 거요!"

습관 때문에

수업 시작 종이 울리고 선생님이 들어오시자 한 학생이 손을 번쩍 들고 일어났다.
"선생님! 저 화장실 좀 다녀오겠습니다."
"그래, 다녀와라. 그런데, 넌 쉬는 시간에는 뭘 하고 지금 화장실에 가니?"
그러자 그 학생이 말했다.
"전 항상 자기 전에 화장실에 다녀오는 습관이 있거든요."

 백문이 불여일견

어느 날 남편이 회사에서 퇴근해 아내에게 약간 미안한 듯 말했다.
"여보, 내일 저녁에 말이야, 회사 후배 2명을 집으로 초대했거든…."
이 말을 들은 아내는 약간 짜증을 내며 말했다.
"뭐야? 아니, 그런 일을 왜 당신 맘대로 결정하는 거야? 이렇게 쥐구멍 만한 집에, 나는 요리도 할 줄 모르고, 또 당신에게 억지 애교를 떠는 것도 진절머리가 나는데, 내가 당신 후배들한테 잘해 줄 리 없잖아."
그러자 남편이 다 짐작하고 있었다는 듯 시큰둥하게 말했다.
"응, 그거야 이미 알고 있지."
남편의 말에 아내는 더욱 화를 내며 말했다.

"다 아는데 그럼 왜 초대한 거야?"
그러자 남편이 말했다.
"그 녀석들이 바보같이, 자꾸 결혼하고 싶다잖아.
그래서 말로 하는 것보다 직접 보라고…"

길게 줄 선 이유

어느 날 동팔이가 등교길에 배가 아파서 가까운 지하철 화장실로 급하게 뛰어들어갔다.

그런데 화장실에 들어서자 세 칸 중에서 두 번째와 세 번째 칸에는 사람들이 길게 줄을 서 있는데 첫번째 칸에만 아무도 서 있지 않았다.

'첫번째 칸이 엄청나게 더러운가 보다.'

동팔이는 이렇게 생각하며 두 번째 칸 맨 뒤에 섰다.

한참을 서 있다가 더는 참을 수 없었던 동팔이는 첫번째 화장실 문을 열고 들어갔다.

그런데 의외로 깨끗한 화장실!

얼른 들어가서 일을 보려는데 화장실 옆 벽에 굉장히 야한 낙서가 있는 게 아닌가?

'누나가 어쩌고저쩌고…. 친구가 낮잠을 자는데

어쩌고저쩌고….'

아무튼 몹시 야한 내용이었는데 한참 흥미진진하다가 아주 결정적인 순간에 내용이 딱 끊겨 버린 것이었다.

그리고는 마지막 줄에 이렇게 씌어 있었다.

'다음 칸에 계속!'

사오정과 번호표

오정이가 은행 창구에 속도 위반한 벌칙금을 내러 왔다. 직원이 오정이에게 말했다.
"번호표를 뽑아 오세요."
"정말 번호표를 뽑아 와야 해요?"
"그럼요, 뽑아 오셔야 돼요!"
"아이, 왜 번호판을 뽑아 오라고 하는 거야!"
오정이는 큰 소리로 투덜대며 사라졌다.

한참 후….
오정이는 자기 차의 번호판을 내밀면서 말했다.
"여기 번호판 뽑아 왔어요!"

그 비밀은 편지지에

어떤 친구가 친구들이 모인 자리에서 여자 꾀는 방법에 대하여 이야기를 하는 것이었다.
"너, 참 대단해! 여자 꾈 때 편지를 쓴다며…?"
"응, 그럼 모두들 그걸 받아 보고는 눈물을 글썽이곤 하지…."
"어떻게 써야 되는 거야? 어떤 내용으로…?"
"별거 아냐. 그냥 오늘 밤 데이트 하자고…."
"그런데 여자가 감동을 한다고?"
"쓰는 편지지가 좀 특이해."
"어떤데?"
"응, 100만 원짜리 수표 뒤에다 쓰거든…."

 티코 탄 아줌마

어느 날 티코 차를 탄 아줌마가 즐겁게 쇼핑을 나섰다.

날씨도 좋아서 기분이 아주 상쾌했다.

마침 신호에 걸려서 차를 잠시 멈추고 기다리고 있었다. 그런데 옆 차선에 그랜저를 탄 아줌마가 잘난 체하려고 티코 탄 아줌마한테 껌을 짝짝 씹으며 물었다.

"언니, 그 티코 차 얼마 주고 샀어?"

티코 탄 아줌마는 기분이 나빠 뭐라고 대꾸를 하려 했으나 파란 신호로 바뀌었기 때문에 그냥 출발했다.

어느 정도 달리다가 신호 대기선의 빨간 신호등 앞에서 또 멈추게 되었는데, 그랜저 탄 아줌마가 이번에도 옆에 멈춰 서더니 물었다.

"언니, 그 티코 얼마 주고 샀냐니깐!"

그러나, 이번에도 신호가 바뀌어서 티코 탄 아줌마는 그냥 출발했다.

잠시 후에 다시 빨간 신호등 앞에서 다시 멈춰 서게 된 티코 탄 아줌마.

역시 그랜저 타고 온 아줌마가 옆에 멈춰 서더니 또 물었다.

"언니, 그 티코 얼마 주고 샀냐고 물었잖아!"

드디어 참을 수 없게 된 티코 탄 아줌마 왈!

"벤츠 사니까 덤으로 주더라, 됐냐?"

비실비실한 이유

어느 날 손오공이 100명을 상대로 싸움을 하게 되었다.

자기 혼자는 도저히 안 될 것 같아 머리카락을 99개 뽑아서 자신의 분신을 만들었다.

열심히 싸우고 있던 중, 진짜 손오공이 둘러보니 분신 하나가 힘없이 비실비실하게 싸우고 있는 것이다.

화가 난 손오공은 그 비실비실한 분신에게 가서 물었다.

"야, 너 왜 이리 힘이 없어?"

이 말에 분신이 대답했다.

"전 새치인데요."

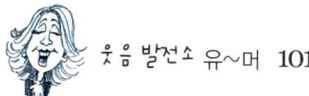

이것저것 안 되면

어느 고등 학교 수업 시간.
선생님이 학생들에게 장래 희망에 대해 물었다.
모든 아이들은 의사·변호사·군인 등 여러 가지로 대답했다.
그러나 한 아이는 비오는 날 먼지가 풀풀 나도록 맞았다.
그 학생은 이렇게 대답했다.
"으음, 이것저것 해 보다 안 되면 선생질이나 해 먹죠, 뭐."

배우러 왔는데

새로 전학 온 썰렁이에게 선생님이 수준을 알아보기 위해 질문했다.

"썰렁아, 2 더하기 2는 얼마지?"

선생님의 말에 썰렁이는 책가방을 주섬주섬 챙기며 말했다.

"선생님, 저 집에 갈래요."

"아니, 왜?"

"전 선생님께 배우러 왔는데 선생님께서 제게 물으시니까요!"

장수의 비결

어떤 노인이 100세가 되었다. 방송국과 신문사 기자들이 몰려와서 질문을 던졌다.
"할아버지, 장수의 비결이 무엇입니까? 한 말씀 해 주시지요."
노인이 대답하였다.
"나의 장수의 비결은 금주(禁酒)에 있습니다."
그때 갑자기 옆방에서 술 취한 사람이 벽을 치며 고함을 지르는 소리가 들렸다.
놀란 기자들이 물었다.
"저게 무슨 소리입니까?"
그러자 100세 노인이 멋쩍은 듯이 대답했다.
"제 아버지께서 술에 취해서 술주정을 하시는 중입니다."

살무사와 땅꾼

짱구가 다니는 학교에 여선생님이 첫 수업 시간에 자기 소개를 했다.
"대학교 때 내 별명이 살무사였다. 떠들거나 까불면 용서 안 한다!"
그러자 짱구가 반가워하며 일어나서 대꾸했다.
"선생님, 제 별명은 땅꾼입니다."

누구의 멀미?

한 10살쯤 되는 꼬마가 혼자 비행기를 타게 되었다. 꼬마는 창 옆자리에 앉았고 바로 옆에는 덩치가 산만큼 큰 남자가 앉았다.

남자는 비행기가 출발하자마자 잠에 곯아 떨어졌다. 잠시 후에 꼬마는 멀미를 하기 시작했다.

화장실에 가고 싶었지만 남자를 깨우기는 무서웠고, 그렇다고 넘어가기에는 너무 덩치가 컸다.

안절부절못하던 꼬마는 갑자기 비행기가 크게 흔들리는 바람에 참지 못하고 남자의 무릎 위에 토하고 말았다.

'큰일 났네! 이 일을 어쩌지?'

다행히 남자는 깨지 않고 계속 쿨쿨 단잠을 자고 있었다.

30분쯤 후 남자가 잠에서 깨어 눈을 떴다.

남자가 놀라서 자신의 무릎을 보자 꼬마가 걱정스러운 눈으로 올려다보며 말했다.
"아저씨, 이제 속이 좀 괜찮으세요?"

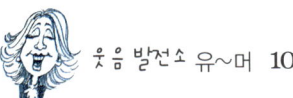

섭섭한 부탁

한 실습 간호사가 환자의 침대 커버를 바꾸어 주면서 환자에게 부탁했다.
"조금 있다가 의사 선생님이 회진을 하실 텐데, 부탁이니 그때 웃으면서 아주 건강해진 표정을 지어 주세요!"
그 말을 듣자 환자는 이렇게 말했다.
"아니, 내가 지금 몸이 아파 죽겠는데, 왜 억지로 웃고 건강한 표정을 지어야 합니까?"
간호사 실습생은 안타깝다는 듯이 말했다.
"의사 선생님은 환자분이 곧 죽으실 것을 알기 때문에 몹시 실의에 빠져 있습니다. 선생님이 기운을 내실 수 있도록 부탁드리는 거예요!"

공전과 자전

세풍과 고급 옷 사건 처리를 놓고 여야가 격돌해, 국회 공전이 장기화되고 있다는 보고를 받은 DJ가 분노를 터뜨렸다.

"정치권이 아직도 정신을 못 차렸군! 국회는 공전을 연례 행사로 하는구먼."

정무 수석이 송구스러워하며 대답했다.

"굳이 이번만은 아니고 국회에서는 매년 공전 상태가 되풀이되어 왔습니다."

DJ가 말했다.

"그럼, 국회 의원들이 매일 노닥거리는 것은 자전이란 말이요?"

공포의 추격전

한 남자가 고속 도로에서 달리고 있던 중 뒤에서 오는 경찰차를 보자마자 엄청나게 빠른 속도를 내기 시작했다.

자그마치 150킬로를 넘나드는 속도였고, 경찰 백차가 바로 사이렌을 울리며 뒤를 쫓았다. 하지만 남자는 차를 정지하지 않았고, 수십 분 동안 숨막히는 추격전이 벌어졌다.

쫓고 쫓기는 추격전 끝에 결국 남자는 차를 멈췄고 경찰이 다가와서 물었다.

"이봐요, 도대체 그렇게 과속을 하면서 도망친 이유가 뭡니까?"

그러자 그 남자는 긴 한숨을 내쉬면서 대답을 하였다.

"내 마누라랑 경찰이 눈이 맞아서 백차를 타고

도망쳤답니다."
"뭐라고요? 웬 엉뚱한 대답입니까?"
그러자 남자가 대답했다.
"죄송합니다, 전 그 경찰관이 제 마누라를 돌려 주려고 따라오는 줄 알고 그만…"

보청기 덕분에

한 늙은 노인이 몇 년 동안 귀가 잘 안 들려서 고생을 하다가 의사를 찾았다.

의사는 노인에게 귓속에 쏙 들어가는 보청기를 주며, 사용해 보고 한 달 후에 다시 찾아오시라고 했다.

한 달이 지나고 노인이 의사를 찾아왔다.

"어떠세요?"

"아주 잘 들립니다."

"축하합니다, 가족분들도 좋아하시죠?"

"우리 자식들에겐 이야기 안 했지요. 여기저기 왔다 갔다 하며 그냥 대화 내용을 들었소. 그 동안 유언장을 세 번 고쳤다오."

목사라 부르지마!

금요 전도를 나가는 제1여전도회는 일년 내내 한 명도 전도를 못해 왔다.

목사는 또 전도하러 나가는 여전도회 회원들에게 엄포를 놓았다.

"이번에도 한 명도 전도 못해 오면 교회에 나오지도 말고, 날 목사라 부르지도 마세요!"

저녁때였다. 교회 밖이 시끄러워 목사가 나와 보니 여전도 회원들이 교회 문 앞에 삼삼오오 모여 있는 것이 아닌가! 목사가 소리쳤다.

"다들 거기서 뭣 해요?"

그러자 여전도회 회원들이 이구동성으로 이렇게 외쳤다.

"미안해요, 아저씨! 어느 교회로 옮길까 의논하는 중이에요."

저울질하기

한 노인의 임종을 앞두고 목사가 기도를 해 주기 위해 왔다.
"예수님을 영접하고 마귀 사탄을 부정하세요. 그래야만 천국에 갈 수 있습니다."
그러나 노인은 아무 말도 하지 않았다.
"어서 마귀 사탄을 부정하십시오."
그러나 노인은 계속 입을 다물고 있었다.
"왜 마귀 사탄을 부정하지 않는 거죠?"
그러자 노인이 대답했다.
"내가 어느 쪽으로 갈지도 모르는 상황에서 누굴 화나게 하긴 싫수다."

사오정의 계절용 팬티

먼저 손오공이 내복 가게에 갔다.
"누나, 팬티 7장만 주세요."
"왜?"
"월화수목금토일 갈아입으려고요."
"와, 오공이는 참 깨끗하구나."

다음 날 저팔계가 내복 가게에 갔다.
"누나, 팬티 3장만 주세요."
"왜? 오공이는 7장 가져갔는데…."
"이틀에 한 번씩만 갈아입을게요."
"와, 팔계도 깨끗하구나."

그러고 난 후, 사오정이 내복 가게에 갔다.
"누나, 팬티 4장만 주세요."

"왜? 팔계는 3장인데. 1장이 더 많네?"
"네, 봄·여름·가을·겨울로 갈아입으려고요."

빨간 내복은 기준

최불암이 중학교에 다니던 시절, 어느 체육 시간이었다.

그 전날 체육복을 빨았기 때문에 다음 날 입고 갈 체육복이 없는 상태라 한참 고민을 하다가 어머니께 말했다.

"엄마, 나 내일 입고 갈 체육복이 없는데…."

"그럼 엄마의 빨간 내복을 입고 가거라."

그래서 최불암은 다음 날 어쩔 수 없이 빨간 내복을 가지고 학교에 등교했다.

마침내 체육 시간이 왔고, 반 친구들은 모두 체육복을 입고 나갔다.

너무나 쪽팔린 최불암은 마지막으로 갈아입고 나갔다.

그 날따라 줄 뒤쪽에는 친구들이 꽉 차 있었고,

빈 자리는 맨 앞줄에 있어 그 곳에 서게 되었다.
 그때 체육 선생님께서 최불암에게 삿대질을 하며 호통을 쳤다.
 "넌 체육복이 왜 없어?"
 그러자 최불암은 큰 소리로 한쪽 손을 올리며 고함을 내질렀다.
 "가……준!"

의안(疑眼) 환자

하루 종일 바빴던 의사가 피곤에 지쳐 잠시 눈을 붙이려는데 간호사가 들어와서 말했다.

"선생님, 응급 환자가 들어왔는데요."

피곤한 몸을 이끌고 의사가 응급실에 가 보니, 희미한 전등불 밑에 환자가 죽은 듯이 누워 있는 것이 아닌가!

의사는 펜슬 라이트(Pencil Light)로 환자의 한쪽 눈을 비춰 보았으나 반응이 없었다.

"죽은 사람이잖아!"

의사가 중얼거리며 발길을 돌리려는데 환자가 작은 목소리로 말했다.

"선생님, 이 쪽 눈을 봐 주세요. 그 쪽은 의안(疑眼)입니다."

면접을 보러 간 사오정

사오정과 손오공이 어떤 회사에 면접 시험을 치르러 갔다.
머리 좋은 손오공이 먼저 들어갔다 나와서 답을 가르쳐 주기로 했다.
면접관은 두 명이었다.

"가장 존경하는 사람이 누구지?"
"세종 대왕입니다."
"그럼 산업 혁명은 언제 일어났지?"
"18세기 말입니다."
"외계인의 존재에 대해 어떻게 생각하나?"
"과학적인 증거는 없으나 상당한 설득력은 있는 것 같습니다."

면접을 끝내고 나온 손오공은 오정이에게 세 가지 질문에 대한 정답을 가르쳐 주었다.

오정이는, 좋지 않은 머리가 터지도록 답을 외웠다. 사오정의 차례가 되었는데, 아뿔싸! 이번에는 다른 면접관이 묻는 것이 아닌가?

"자네 이름이 뭐지?"
"세종 대왕입니다."
"생년 월일은?"
"18세기 말입니다."
"자네, 약간 머리가 이상한 것 아니야?"
"과학적인 증거는 없으나 상당한 설득력은 있는 것 같습니다."

사오정과 여자 사오정

사오정이 난생 처음 경마장에 갔다.
'무슨 말에 돈을 걸까?'
고심하는 중인데, 옆에 있는 사람이 말했다.
"1번 말에 걸어요."
처음 와 본 경마장이라 오정이는 그 사람 말만 믿고 1번에 돈을 왕창 걸었다.
그러나 1번 말은 처음의 좋았던 스타트와는 달리 꼴찌로 들어오고 말았다. 열받은 사오정은 분을 이기지 못해 씩씩거리며 소리쳤다.
"이건 사기다!"
그러자 사오정 옆자리에 있던 여자 사오정이 얼굴이 빨개지며 쑥스러운 듯 이렇게 말했다.
"그래요, 우리 사귀어요."

비행기가 추락한다는데

사오정이 비행기를 타고 해외 여행을 가게 되었다.

그런데 갑자기 사오정이 타고 있던 비행기가 엔진 과열로 인해 추락하게 되었다.

그러자 여승무원이 사오정에게 와서,

"지금 비행기가 추락하고 있으니까 어서 대피하세요."

그러자 사오정 왈,

"네, 저는 콜라로 주세요!"

피는 물보다 진하다

아기 사오정이 엄마 사오정에게 물었다.
"엄마, 엄마! 나 사오정 맞아?"
"그럼! 넌 사오정이 맞단다."
그러자 아기 사오정이 너무 슬퍼하며 집을 나가고 말았다.
나가며 흐느끼며 하는 말,
"내가 사마귀라니! 흑흑…."

고문을 못 이겨

사오정과 저팔계가 적군과 싸우다가 잡혀서 인질이 되고 말았다.

적군이 저팔계에게 물었다.

"손오공이 어디 있는지 대라."

"모른다."

"손오공이 어디 있는지 대면 놔 주겠다."

"모… 모른다."

모진 고문을 당했지만 저팔계는 끝까지 저항했다. 저팔계가 실려 나간 후 적군은 이번엔 사오정을 붙잡고 물었다.

"손오공이 어디 있는지 대라!"

"말할 수 없다."

"손오공이 어디 있는지 대라니까!!"

"말할 수 없다니까."

사오정 역시 모진 고문을 당했다.
"마지막으로 기회를 주겠다. 손오공은 어딨지?"
사오정은 너무나도 혹독한 고문을 이기지 못하고 이렇게 말했다.
"으윽! 그만…! 말하겠다. 말…하…겠다."
"그래! 손오공이 어딨지?"
그러더니 사오정이 말을 이었다.
"하는 수 없지. 내…내…내가 사오정이다."

나무꾼 사오정

사오정이 나무를 베다가 그만 쇠도끼를 연못 속으로 빠뜨렸다.

당황한 사오정은 울먹이다가 산신령에게 도끼를 찾아달라고 빌었다.

그 정성이 갸륵한지 산신령이 나타나더니 도끼를 찾아 주겠노라고 하였다.

잠시 후 산신령이 도끼 세 자루를 손에 쥐고 나타나 사오정에게 물었다.

"이 금도끼가 네 도끼냐?"

"아닙니다, 산신령님."

"허…, 그럼 이 은도끼가 네 도끼냐?"

"아닙니다, 산신령님."

오정이가 갑자기 소리 내어 울기 시작했다.

"으음, 그럼 이 쇠도끼가 네 도끼구나."

"아, 아닙니다. 산신령님, 흐흑….."
"아니, 그럼 네 도끼가 어느 것이란 말이냐? 이 연못 속에는 이 세 가지밖에 없어."
"산신령님……! 제가 찾는 것은 제 딸 심청이입니다."

사오정은 못 말려

어느 날 아침 선생님은 수업 시간에 떠드는 손오공과 저팔계에게 무더위 속에 이글거리는 운동장에서 뺑뺑이를 돌렸다.

이윽고 점심이 훨씬 넘어 선생님은 너무 심했다고 생각했던지 사오정을 불러 말했다.

"오정아, 오공이와 팔계한테 가서 반성문 쓰고 그만 돌라고 해라."

"네, 선생님."

이윽고 오공과 팔계에게 다가간 사오정. 지쳐 쓰러질 것 같은 그들에게 말했다.

"선생님이 이제는 방독면 쓰고 돌래."

염라 대왕과 사오정

옛날 염라 대왕이 서태지와 아이들을 보고 싶었다. 그래서 저승 사자인 사오정에게 서태지를 데려오라고 하였다.

그런데 웬걸, 오정이는 서태지 대신 소와 돼지를 데려온 것이다.

기가 막혀 입이 떡 벌어진 염라 대왕,

"아니, 이게 뭐냐? 서태지를 데려오라고 했는데 어째서 소와 돼지를 데려왔는고?"

"마마, 소돼지(서태지)라면서요?"

대포를 두 개 쏘아라

최불암이 군대에 들어가서 장군이 되었다.

그런데 적의 대포는 40m씩 나가는데 이쪽 대포는 20m밖에 나가지 않았다.

부하들이 사태의 심각성을 최불암 장군에게 알렸다.

"장군님! 우리 대포는 적의 대포에 비해 반밖에 안 나갑니다!"

최불암은 한참을 궁리한 후 부하들에게 말했다.

"그래? 그럼 우린 20m 대포를 두 개 쏘면 되잖아!"

"네…?"

어떤 유언

골프광의 아내가 아들에게 유언을 남겼다.
"아들아, 내가 죽거든 OO 골프장 1번 홀 티 박스 앞에다 묻어 다오."
아들이 말했다.
"어머니는 아버지가 골프 치러 가는 것을 그렇게 싫어하셨으면서 골프장에 묻어 달라고 하십니까?"
그러자 어머니는 꺼져 가는 목소리로 이렇게 대답하는 것이었다.
"그래야 네 아버지가 매일 골프 치러 와서 티를 꽂을 때마다 내게 머리를 조아릴 게 아니냐?"

골프광 부부의 도둑 대처법

골프광 부부가 하루는 잠을 자는데 도둑이 들어왔다.
부인이 먼저 발견하고 남편을 깨웠다.
남편은 머리맡에 둔 골프백에서 제일 긴 드라이버를 꺼내 들었다.
그러자 부인이 고개를 저으며 작게 속삭였다.
"여보! 피칭 거리예요. 퍼터를 들어야죠."

슬라이스가 나 버렸잖아!

어느 날 한 마피아 두목이 신부를 협박해 내기 골프를 치게 됐다.

그런데 신부가 플레이를 잘 해 돈을 따려고 하면, 마피아 졸개들이 나타나 퍼팅을 못하도록 훼방을 놨다.

신부는 한 홀 두 홀 계속해서 돈을 잃었다.

참다 못해 신부는 하나님께 기도를 했다.

"하느님, 저 마피아 두목 놈에게 벼락을 내려 주시옵소서."

그러자 마른 하늘에서 천둥 번개가 치더니 벼락이 떨어졌다. 그런데 벼락은 마피아 두목을 친 게 아니라 신부를 쳐서 그 자리에서 죽어 버렸다.

마피아 두목은 미안한 마음에 하나님께 물었다.

"하나님, 어째서 저에게 벼락을 내려 달라고 했

는데 신부를 치시는 겁니까?"

그러자, 하나님이 민망해하시며 이렇게 말씀하시는 것이었다.

"야, 이놈아. 슬라이스가 나 버렸잖아!"

아무도 모르는 홀인원

골프를 엄청 좋아하는 신부가 있었다.

아무리 골프의 유혹을 떨쳐 버리려 해도 떨쳐 버릴 수가 없었다. 어느 날은 미사 시간이 다 됐는데도 골프장으로 뛰어가 혼자 골프를 쳤다.

하늘 나라에서 내려다보시던 하나님과 천사들이 그 신부에게 벌을 주기로 하였다. 결정은 역시 하나님이 내리기로 하였다.

그것도 모르는 신부는 드라이버를 뽑아 들고 540야드의 롱홀에서 멋지게 샷을 날렸다. 볼은 우측으로 슬라이스가 나더니 바위를 맞고 그린을 향해 날아가 홀인원이 됐다.

기뻐 날뛰는 신부를 보고 천사들은 하나님께 항의를 하였다.

"아니, 벌을 주시기로 해 놓고 540야드에서 홀

인원을 주시면 어떡합니까?"

그러자 하나님은 이렇게 말씀을 하셨다.

"두고 보아라, 저 신부는 며칠 내로 병이 날 것이다. 왜냐하면 숏홀도 아닌 롱홀에서 홀인원을 하지 않았는가! 그것은 아무도 모르고, 또 누구에게 말해 봐야 믿을 사람이 있겠는가!"

벌써 잊었냐?

한 골퍼가 게임이 안 돼 큰돈을 잃었다.
"이제 다시는 골프채를 잡지 않을 거야."
화가 난 그는 골프채를 연못 속에 던져 버렸다.
집으로 돌아오는 길에 같이 갔던 친구가 한 마디 했다.
"내일은 36홀 돌기로 했는데 함께 갈래?"
그러자 골프채를 연못에 버린 친구가 말했다.
"그래? 몇 시인데?"

왜 지옥인가?

어느 골프광이 교통 사고를 당해 저승으로 가게 되었다.

그 골프광은 이승에서 착한 일을 많이 했다.

저승 문을 들어서면 두 갈래로 갈라지는데 한쪽은 지옥이고 한쪽은 천당이다.

천당과 지옥에는 모두 골프장이 있었는데 천당 골프장은 사람들이 너무 많아 길게 줄을 선데다 코스도 상당히 망가져 보였다.

반면에 지옥 골프장은 사람도 보이지 않고 문자 그대로 그림처럼 아름다웠다.

골프광은 저승 수문장에게 부탁해 지옥 쪽으로 가게 해 달라고 했다.

수문장이 골프광에게 말했다.

"너 같으면 천당에 가는데 아무 문제가 없는데,

소원이라면 잠시 보고 가거라."

골프광은 신이 나서 골프채를 얻어 들고 골프장으로 뛰어들어갔다.

정말 코스는 환상적이었다.

그런데 막상 티샷을 하려고 보니 공이 없었다.

골프광이 관리인에게 공을 달라고 하자, 이런 대답이 돌아왔다.

"지옥 골프장엔 공이 없노라."

확실한 증거

유명한 구두쇠가 죽었다.

그런데 그와 평생을 함께 한 아내는 눈물 한 방울 흘리지 않았다. 사람들이 아내의 그런 모습을 보며 수군거리기 시작했다.

그때 자선 모금을 위한 행렬이 장례식장 앞을 지나갔는데, 갑자기 아내가 통곡하기 시작했다.

의아해진 사람들이 그녀에게 물었다.

"왜 지금에서야 울기 시작하세요?"

그러자 아내는 계속 흐느끼며 말했다.

"자선 모금 단체를 보고도 달아나지 않는 걸 보니, 우리 남편이 죽은 게 확실하군요, 흑흑흑."

믿을 수가 있어야지

국회의원들이 하루는 시골로 버스 여행을 하게 되었다.

그런데, 갑자기 브레이크가 고장이 나서 버스가 골짜기에 처박히는 바람에 대부분은 죽었으나 몇 명은 살아서 비명을 지르고 있었다.

그런데, 마침 그 곳을 지나가던 농부가 친절하게 땅을 파고 모두 묻어 주었다.

나중에 나타난 경찰이 농부에게 물었다.

"혹시, 살아 있는 사람은 없었습니까?"

그러자 농부가 태연하게 대답했다.

"몇 사람이 살아 있다고 하긴 했는데, 하도 거짓말을 잘하는 사람들이니까 믿을 수가 있어야지. 그래서 모두 묻어 버렸어요."

훔친 이유

한 도둑이 경찰에게 붙잡혔다.
"왜 도둑질을 하고 그래?"
경찰이 묻자 도둑이 대답했다.
"아따, 당신도 배고파 봐. 도둑질 안 하고 버틸 수 있나."
"그런데, 배고프다는 놈이 신발을 훔쳐?"
"아따, 당신도 맨발로 맨날 달려 봐. 신발을 훔치지 않고 버틸 수 있나."

 공주님과의 식사

사오정이 공주님과 함께 레스토랑에서 스테이크를 먹고 있었다.
그런데 낯선 곡이 흘러나왔다.
공주님이 사오정에게 물었다.
"이게 무슨 곡이에요?"
사오정이 가르쳐 주게 되어 영광이라는 듯 흐뭇한 웃음을 머금고 대답했다.
"돼지고기!"

고단수 사장님

사장이 직원 한 사람과 악수하며 말했다.

"자네가 없었다면 우리 회사가 어떻게 발전했을지 상상도 할 수 없네."

감격한 직원은 감사의 인사를 했다.

"정말 고맙습니다, 저를 그렇게 높이 평가해 주셔서…."

"그래서 말인데, 다음 달부터 자네 없이도 회사가 돌아가는지를 한번 시험해 보려고 하네."

"네…?"

튀는 게 좋아서

참새들이 총에 맞아 죽지 않으려고 모두 방탄 조끼를 하나씩 장만했다.

참새들을 발견한 포수가 몇 방 탕탕 쏘았지만 모두 무사했다. 참새들이 신이 나서 어깨동무를 하고 단체 응원을 했다.

"야야~ 야야야야~ 야야야야 야야야아…."

그 순간 포수가 기관총을 갖고 와서 드르르륵 쏘았다.

모두 무사한 것 같았는데 딱 한 마리가 죽었다.

그 이유는 모두들 어깨동무를 하고 "야야~ 야야야야~"를 부르는데, 튀는 참새가 혼자서 조끼를 열었다 닫았다 하면서 부른 노래,

"꽃바구니 옆에 끼고 나물 캐는 아가씨야…."

드라이브 중인 사오정

사오정이 여자 친구를 오토바이에 태우고 드라이브를 하고 있었다.

멋지게 보이기 위해 폼을 잡고 속력을 올렸다.

무서워진 여자 친구가 사오정을 꽉 껴안으며 큰 소리로 말했다.

"으악, 무서워~! 세워 줘! 지금 안 세우면 너랑 끝이야!"

사오정이 대답했다.

"나도 사랑해!"

기분이 좋아진 사오정은 더욱더 속력을 냈다.

"으악! 나 죽겠다. 당장 안 세워?"

그러자 사오정은 목청껏 고함을 질렀다.

"안다고! 나도 사랑한다니까!"

김만 제가…

만득이가 도시락을 먹다가 옆에 있는 친구의 도시락이 탐이 나서 김을 하나 먹었다.
반찬 중에 한 개가 사라진 것을 안 친구는 선생님에게 일렀다.
"도시락 빼앗아 먹은 사람 나와!"
그러자 만득이가 말했다.
"김만 제가 먹었는데요?"
그러자 선생님이 하시는 말,
"김만제! 나와!"

청력 검사

맹구가 정밀한 청력 검사 결과 청력이 정상적이며 평균 이상이라는 판정을 받았다.
검사를 담당했던 의사가 맹구에게 말했다.
"청력에 전혀 문제가 없는데 왜 검사를 받으러 왔죠?"
맹구는 겸연쩍어하면서 대답했다.
"마누라가 보내서 왔습니다. 언제부턴가 내가 자기 말을 한 마디도 알아듣지 못한다네요."

문방구에 간 만득이

만득이가 문방구에 1,000원을 들고 일기장을 사러 갔다.

그런데 일기장이 전부 1,000원이 넘었다.

"아저씨, 천 원짜리 일기장은 없어요?"

"천 원짜리는 없다."

"안 되는데…. 아저씨, 일기장 꼭 사야 되는데 천 원밖에 없어서요. 어떻게 안 될까요?"

문방구 주인은 만득이가 계속 졸라대자 구석에서 빨간 표지의 오래된 일기장을 꺼내 왔다.

"천 원짜리는 이거 하나뿐인데…."

"아저씨, 그거라도 주세요."

"좋아, 하지만 조건이 있다. 절대로 이 일기장의 맨 뒷장을 보지 마라."

"네, 그럴게요."

만득이는 맨 뒷장을 보지 않기로 약속하고 천원에 그 일기장을 샀다.

몇 주일 후 만득이는 일기를 적던 중 그 일기장의 맨 뒷장이 너무 궁금했다. 그래서 결국 문방구 주인과의 약속을 어기고 맨 뒷장을 펼쳤다.

거기에는 이렇게 적혀 있었다.

가격 : 500원

간이 부어서

포수 한 명이 있었다.
그 포수가 전깃줄에 앉아 있는 참새를 쏘려고 하자 참새가 비웃는 게 아닌가.
"우하하하, 네가 나를 맞히면 내 다리에 장을 지지겠다!"
포수는 분노를 참지 못하고 참새를 향해 방아쇠를 당겼다. 총알은 정확히 참새에게 명중했다.
'참새가 어떻게 이렇게 용감할 수 있지?'
포수는 참새의 배를 갈라 확인하게 되었다.
그런데… 그 참새의 간은 부어 있었다.

 어떤 현상?

선생님이 아이들에게 물었다.
"기러기 수십 마리가 떼를 지어 날아가다가 갑자기 수직으로 땅에 떨어져 죽었습니다. 이것을 무슨 현상이라고 할까요?"
아이들이 손을 들어 자신들의 의견을 발표했다.
"만유인력의 현상입니다."
"자유낙하 현상입니다."
그때 뒤쪽에 앉아 있던 영구가 말했다.
"극히 보기 드문 현상입니다."

사투리 때문에

서울에 살고 있던 참새가 경상도에 살고 있는 친구 참새의 초청을 받았다.

참새 친구들과 전깃줄에 앉아 신나게 놀고 있는데 포수가 총을 쏘려고 했다. 그러자, 급하게 친구 참새가 소리쳤다.

"모두, 수구리!"

경상도 참새들을 모두 고개를 숙였다.

그러나 서울 참새만 무슨 말인지 몰라 고개를 들고 있다가 그만 포수가 쏜 총에 맞았다. 병원에서 치료를 받고 간신히 살아난 서울 참새는 굳게 다짐했다.

'다음에는 절대로 총에 맞지 않아야지.'

그래서 '수구리'라는 경상도 말을 달달 외웠다.

어느 날 친구 참새들과 전깃줄에 앉아 또 재잘

거리며 놀고 있다가 이번에도 서울 참새만 포수가 쏜 총에 맞고 말았다.

이번에 경상도 참새가 외친 말은,

"아까멘쿠로!"

서울 참새는 그 말이 무슨 뜻인지 몰라서 그냥 앉아 있다가 또 사고를 당했다.

못 고치는 잔소리

전깃줄에 부부 참새가 앉아 있었다.
포수가 엄마 참새를 쏘았다.
엄마 참새는 다 죽어 가면서 아빠 참새에게 신신당부를 했다.
"내가 죽거든 장가가지 말고, 아이들 잘 키우고, 밥은 제때 찾아 먹이고, 술 많이 먹지 말고, 일찍 집에 와서 청소도 좀 하고, 옷은 자주 빨아 입고, 밤에 청승 떨지 말고, 어쩌고저쩌고…, 궁시렁궁시렁…, 지지고 볶고…."
엄마 참새의 부탁이 끝없이 이어지자 듣다 못한 아빠 참새가 한마디 했다.
"포수님, 총으로 저 주둥이 한 번만 쏴 주세요."

과대망상 참새

참새 한 마리가 달려오던 오토바이와 부딪치면서 그만 기절을 하고 말았다.

마침 우연히 길을 지나가다 그 모습을 본 행인이 새를 집으로 데려와 치료를 해 주고 모이와 함께 새장 안에 넣어 두었다.

한참 뒤에 정신이 든 참새는 이렇게 생각했다.

'아, 이런 젠장~! 내가 오토바이 운전사를 치여서 죽인 모양이군! 그러니까 이렇게 철창 안에 갇혀 있는 거지.'

사오정 때문에

손오공과 사오정, 저팔계가 배를 타고 가다 난파되어 어느 무인도에 갇히게 되었다.

손오공과 저팔계는 무인도에서 탈출하려고 필사의 노력을 하고 있었지만, 사오정은 남의 일인 양 하루 종일 잠만 잤다.

그러던 어느 날, 손오공과 저팔계는 이상한 램프 하나를 발견했다. 그것을 문지르니 안에서 연기와 함께 엄청난 거인이 튀어나왔다.

"당신들의 소원을 한 가지씩 들어 주겠습니다."

거인의 말에 팔계는 기뻐하며 소원을 말했다.

"저를 집으로 보내 주세요."

손오공은 평소의 꿈을 말했다.

"저를 미국으로 보내 주세요."

둘의 소원은 즉시 이루어졌다.

그런데 단 한 명, 자고 있는 사오정이 있었다.
"빨리 일어나 소원을 말하세요. 이제 시간이 다 되었습니다."
사오정은 눈을 비비며 일어나 투덜거렸다.
"우씨, 뭐야? 졸려 죽겠는데. 어, 다들 어디 갔어? 빨리 불러 줘."
변변찮은 오정이 덕분에 무사히 집에 돌아갔던 팔계와 미국에 갔던 오공이는 다시 무인도로 돌아오게 되었다.

말로 하지

사오정과 저팔계가 어느 날 여관에 가서 자게 되었다. 잘 자던 오정과 팔계.

갑자기 팔계가 일어나 방 안에 있던 주전자의 물을 벌컥벌컥 마셨다. 그러자, 갑자기 머리를 흔들고 벽에 머리를 "쿵쿵!" 박는 게 아닌가.

자다가 이런 엉뚱한 모습을 본 오정이는 너무나 궁금해졌다.

'팔계가 왜 저러지? 물이 그렇게 맛있나?'

오정이는 팔계와 똑같이 일어나서 주전자의 물을 마셨다. 역시 자신도 오정이도 머리를 흔들고 벽에 "쿵쿵!" 두 번 박는 것이 아닌가.

그러면서 오정이가 하는 말,

"짜아식…! 물이 뜨거우면 뜨겁다고 말을 해야지,"

 보

사오정과 아름다운 아가씨가 데이트를 하다가 아가씨가 물어 보았다.
"배트맨이나 슈퍼맨의 주먹보다 센 것은 무엇일까요?"
한참을 생각하던 사오정이 한 말!!
"보."

아직 안 탔어

무덥던 어느 날, 일용이와 최불암이 시원하게 오토바이로 드라이브를 하기로 했다.

운전대를 잡은 일용이는 신이 나서 시속 40km로 달렸다.

"시원하시죠?"

일용이가 물었는데 아무런 대답도 없었다.

"……."

이상하게 생각해 뒤를 돌아본 일용이는 깜짝 놀랐다.

최불암이 땀을 뻘뻘 흘리고 있지 않은가!

더욱 속력을 냈다.

속력은 60km가 되었다!

일용이는 다시 물었다

"이제 시원하시죠?"

일용이가 뒤를 돌아보자 최불암은 아까보다 더 많은 땀을 쏟고 있었다.

속력을 더 내려는 순간, 뒤에서 힘겨운 듯한 목소리가 들려 왔다.

"헉헉…야, 인마! 나 아직 안 탔어…"

수술 보너스

최불암이 사고를 당해 손가락이 잘려서 접합 수술을 받게 되었다.
하지만 수술이 성공적으로 되어, 한 달 후 의사가 찾아와서 붕대를 풀어 주었다.
최불암이 의사에게 물었다.
"선생님, 제 손가락은 이제 괜찮은 건가요?"
"네, 아주 수술이 잘 되었습니다."
"저…, 그럼 이제 피아노도 칠 수 있는 건가요?"
"그럼요! 이제부터 마음껏 치실 수 있습니다!"
그러자 최불암이 너털웃음을 터뜨리며 말했다.
"파~ 나 피아노 칠 줄 모르는데!"

씨를 빼 주어야지!

어느 날 사오정이 외출했다가 헐떡이며 돌아왔다.
"여보, 뛰어왔더니 더워 죽겠어. 시원한 주스 한 잔 줘."
"네, 마침 오렌지 주스가 있어요."
사오정의 부인은 사오정에게 오렌지 주스를 건네며 말했다.
"비타민 C가 많이 들어 있어요."
그러자 사오정은 주스는 마시지도 않고 마구 화를 내면서 이렇게 말했다.
"씨를 빼 줘야 마시지, 이 사람아!"

쏘시지!

햄과 소시지가 있었다.
햄의 인기를 시기한 소시지는 이렇게 생각했다.
'만약에 햄이 없으면 내가 사람들의 인기를 모두 독차지할 거야!'
그래서 소시지는 햄을 죽였다.
그러자 경찰이 눈치를 채고 소시지를 추격했다.
도망을 쳤지만 소시지는 불쌍하게도 절벽에 다다랐다.
경찰은 총을 겨누며 이렇게 말했다.
"움직이면 쏜다! 넌 누구냐?"
소시지가 순순히 하는 말,
"쏘시지!"

농부와 도사

깊은 산중에서 오랫동안 수도하던 도사가 마을로 내려왔다. 수양을 위해 다른 절로 찾아가는 길이었는데 세 갈래 길이 나타났다. 마침 지나가는 농부가 있어서 그에게 길을 물었다.

그러자 심기가 좋지 않은 농부가 빈정거렸다.

"보아 하니 도사(道士)이신 것 같은데 점을 쳐서 알아보시구려."

그 말을 들은 도사가 대뜸 팔괘(八卦)를 꺼내더니 운수를 짚었다.

그리고는 말을 이었다.

"음, 지나가는 농부에게 물어 보라고 나왔네."

작은 새끼는 뒤로 가!

평생 남자라고는 사귀어 보지 못한 못생긴 여자가 신령님께 100일 동안 소원을 빌었다.

"신령님, 왜 저는 남자 복이 이렇게 없습니까? 부디 저에게 남자를 보내 주세요!"

마침내 정성이 통했는지 어느 날 꿈에 신령이 나타나서,

"너는 이승에서는 남자 복이 없다. 그 대신 저승에 가면 남자가 너를 위해 줄을 설 것이다!"

꿈에서 깬 여자는, 저승에나 가야 남자맛을 보겠다는 신령님의 말에 자살을 결심했다.

여자는 10층 빌딩의 옥상에 올라가서 아래로 뛰어내렸다.

"남자가 많은 저승으로 가자…!"

그런데, 재수가 없으려니까 마침 바나나를 싣고

가는 트럭 위에 떨어졌다.

"쿵~!"

떨어지면서 정신을 잃은 여자는 저승에 도착한 줄로 착각하여, 손에 마구 만져지는 바나나가 남자의 그것이라고 생각되었다.

너무나 감동한 여자는,

"줄 서 줄 서, 새꺄~! 작은 새끼는 뒤로 가!"

교내 백일장 문제작

백일장이 끝나고 국어 교사가 교실에 들어와서 말했다.
"이번에 백일장에 나왔던 글들을 하나씩 평가하던 중에 교무실에서 난리가 났다."
"왜요?"
"중2 녀석이 쓴 시 때문이지."
그리고 교사는 그 시를 또박또박 읊어 주었다.

제목 : 산
산을 올라가며 오빠 동생
산을 내려오며 여보 당신

 예쁜 아가씨의 굴욕

아름다운 아가씨가 수영장에 갔다.

아가씨는 시원한 비키니 차림으로 다이빙대에서 멋지게 다이빙을 했다.

그런데 아뿔싸! 수면 위로 올라오면서 보니까 수영복이 몽땅 벗겨져 버린 것이 아닌가!

'아무리 찾아봐도 수영복이 없으니 어떡하지? 이대로는 나갈 수도 없고…!'

휴식 시간이 되자 관리인이 호루라기를 불면서 자꾸 나오라고 재촉했다.

난처해진 아가씨는 머리를 굴렸다.

자세히 살펴보니까 저 쪽에 나무판 서너 개가 있었다. 얼른 헤엄쳐서 재빨리 나무판 하나를 골라 가장 부끄러운 부위를 가렸는데, 사람들이 쳐다보고 전부 웃는 것이었다.

그 팻말에는 이렇게 적혀 있었다.

'위험! 수심은 2m. 자신 있는 분들만 들어오세요.'

얼굴이 새빨개진 아가씨는 그 팻말을 버리고 다른 것으로 바꿨는데, 이제는 사람들이 데굴데굴 구르면서 더 크게 웃는 것이었다.

'대인 5천 원, 소인 3천 원, 20명 이상 할인해 드립니다.'

울상이 된 아가씨, 정신없이 다른 팻말로 바꿨는데 이번에는 웃다가 기절하는 사람도 있었다.

'영업 시간 오전 9시부터 오후 5시까지.'

이왕이면

한 중년 남자가 아내에게 선물할 털장갑을 사려고 백화점 선물 코너에 들렀다.

그러나 막상 아내의 손 크기가 어느 정도인지 감이 잡히지 않았다.

손님의 고민을 알아 챈 여점원이 말했다.

"사모님의 손 크기를 잘 모르시는군요. 그럼 제 손을 한번 만져 보세요."

남자는 친절한 여점원의 제의로 아내의 손 크기를 어림잡아 장갑을 살 수 있었다.

그런데 잠시 뒤 조금 전에 장갑을 사 갔던 그 남자가 다시 돌아왔다.

친절하고 아름다운 그 여점원은 의아한 듯이 물었다.

"뭐가 잘못 됐나요?"

남자가 머뭇거리면서 대답했다.
"저…, 사는 김에 이왕이면 브래지어도 같이 샀으면 해서요…."

 엉뚱한 횡재

 두 남자가 시골에서 차를 타고 가다가 갑자기 고장이 났다.

 밤이 다 된 시간이라 둘은 으리으리한 저택의 문을 두드렸다.

 그러자 문이 열리고 과부가 나왔다.

 "자동차가 고장났는데 오늘 하룻밤만 묵을 수 있을까요?"

 과부는 허락했고 두 남자는 다음 날 아침 견인차를 불러 돌아갔다.

 몇 달 후에 그 중 한 남자가 자신이 받은 편지를 들고 다른 남자에게 갔다.

 "자네, 그날 밤 그 과부와 무슨 일 있었나?"
 "응, 즐거운 시간을 보냈지."
 "그럼 혹시 과부에게 내 이름을 사용했나?"

"어, 그걸 어떻게 알았나?"
"그 과부가 며칠 전에 죽었다고 편지가 왔는데, 나에게 5억 원을 유산으로 남겨 줬거든."

최종 면접

신입 사원 최종 면접에 남자 세 명과 여자 한 명의 지원자만 남게 되었다.

최종 면접은 그 회사 사장이 직접 중국 요리집으로 데려가 한 그릇의 자장면을 시켜 놓고 지원자들에게 다음과 같이 물어 보는 것이었다.

"자, 여기 자장면 한 그릇이 있네. 자네들이 돈을 내지 않고 나와 함께 이 자장면을 먹을 수 있는 방법을 말해 보게."

첫번째 남자 지원자가 말했다.
"빈 그릇을 달라고 해서 나누어 먹겠습니다."

두 번째 남자 지원자가 말했다.
"똑같이 젓가락을 들고 빼앗아 먹겠습니다."

세 번째 남자 지원자,
"저는 사장님이 남긴 것을 먹겠습니다."

마지막으로 남은 여자 지원자가 말했다.
"사장님, 다 드시고 입 닦지 마세요."

여자 지원자는 당장 사장 비서실로 발령을 받았다고 한다.

좋은 방법

지독한 치통으로 신음하면서 길을 걷던 한 사내가 우연히 친구를 만났다.

"치통이 극심해 죽겠네. 가라앉힐 무슨 비방이 없겠나?"

친구가 대답했다.

"나는 치통이 생기면 즉시 아내에게로 간다네. 아내 품에 안겨 입을 맞추고 애무하다 보면 치통은 씻은 듯이 사라지거든."

그러자 사나이가 말했다.

"그래? 그거 참 좋은 방법이군! 자네 집사람 지금 집에 있나?"

넘어졌습니다

어떤 커다란 성당에 신부님이 있었다. 그런데 사람들이 신부에게 와서 고백하는 내용은 언제나 똑같은 것이었다.

"신부님, 오늘 누구와 간통을 했습니다."
"신부님, 오늘 누구와 불륜을 저질렀습니다."

신부님은 이제 그런 고백 성사를 듣는 것이 아주 지겨워졌다. 그래서 미사 시간에 사람들에게 이렇게 말했다.

"이제는 고백 성사를 할 때 '오늘 누구와 간통을 했습니다.' '오늘 누구와 불륜을 저질렀습니다.' 라고 하지 말고 '신부님, 오늘 누구와 넘어졌습니다.' 이렇게 하세요."

그래서 그 다음부터는 사람들이 고백 성사를 할 때, '신부님 오늘은 누구와 넘어졌습니다…'

이런 식으로 하곤 했다. 세월이 흘러 그 신부님은 다른 성당으로 가고 새로운 신부님이 오시게 되었다. 그런데 새로운 신부님이 고백 성사를 들어보니 다들 넘어졌다는 소리뿐이었다.

그래서 신부님은 독실한 신자였던 시장을 찾아가 건의를 했다.

"시장님, 시 전체의 도로 공사를 다시 해야 할 것 같습니다. 도로에서 넘어지는 사람들이 너무 많습니다."

하지만 그 뜻을 알고 있는 시장은 껄껄 웃었다. 이것을 본 신부님이 걱정스러운 표정으로 탁자를 손으로 치면서 말했다.

"시장님, 웃을 일이 아닙니다. 어제 시장 사모님도 세 번이나 넘어졌단 말입니다!"

 도로아미타불

아들과 아버지가 살고 있었다.
아들 : 아빠, 나 1000원만!
아버지 : 1000원은 뭐하게?
아들 : 고무줄 사려고.
아버지 : 고무줄은 뭐하려고?
아들 : 새총 만들지.
아버지 : 새총은 만들어서 어디에 쓰려고?
아들 : 새 잡으려고.
아버지 : 새는 잡아서 뭐해?
아들 : 팔지.
아버지 : 새는 팔아서 뭐해!
아들 : 고무줄 사려구.
아버지 : 고무줄은 뭐하러 사?
아들 : 새총 만들게.

아버지 : 이거 미친 놈 아냐?

아버지는 아들을 정신 병원에 넣었다.

10년 후….

아들 : 아버지, 저 5천만 원만 주세요.

아버지 : 5천만 원으로 뭐하려고?

아들 : 차 사려구요.

아버지 : 차는 왜?

아들 : 여자 꼬시려구요.

아버지는, 이제야 아들놈이 제정신으로 돌아왔나 보다 하고 감격하였다.

아버지 : 그래, 여자를 꼬셔서 뭐하는데?

아들 : 여관에 데려가야죠.

아버지 : 그 다음에는 뭘 하지?

아들 : 옷을 벗겨야죠.
아버지 : 그러고 나서…?
아들 : 물론 팬티를 벗겨야죠!
아버지 : 팬티는 왜 벗기는데?
아들 : 고무줄 빼서 새총 만들게….

같은 배를 탄 세 남자

어느 날 한 아파트에 사는 701호, 801호, 901호의 남자 세 명이 대낮에 동시에 죽었다.

이 세 사람은 저승에 가게 되었다.

염라대왕이 물었다.

"아니, 너희 셋은 같은 아파트 사람이군. 아파트에서 사고라도 났는가?"

"아닙니다, 저는 억울합니다."

세 남자는 각자 억울하게 죽었다면서 염라대왕에게 하소연하기 시작했다. 궁금한 염라대왕은,

"이야기를 들어 줄 테니 먼저 701호부터 말해 보아라."

"존경하는 염라대왕님, 제가 죽은 사연은 아내 때문입니다.

저는 얼마 전부터 아내가 바람을 피우고 있다는

소문에 잠을 이룰 수 없었습니다. 그래서 사실을 확인하려고 일찍 퇴근을 했죠.
그런데 정말 현관에 남자의 신발이 있었습니다. 화가 머리 끝까지 난 저는 녀석을 찾으려고 집 안을 샅샅이 뒤지던 중에 이 녀석이 베란다 창가에 매달려 있는 것을 보았습니다.
욱하는 마음에 녀석의 손을 베란다에서 떼어냈는데, 떨어지면서 나무에 매달렸습니다.
그쯤에서 참으려고 했는데 나무에 매달린 녀석이 저에게 심한 욕을 하는 겁니다. 남의 아내를 탐낸 녀석이 욕을 하니 참을 수가 없었습니다.
그래서 베란다에 있는 세탁기를 그 녀석한테 집어던졌습니다. 그런데 세탁기 줄에 제가 걸려 같이 떨어지는 바람에 그만 죽게 되었습니다."

염라대왕은 701호 남자의 말에 공감하였다.
이번에는 801호 남자가 하소연을 했다.
"염라대왕님, 저는 그 날 날씨가 너무 좋아서 오랜만에 기분 좋게 베란다 청소를 하였습니다. 위험한 베란다 창가를 닦다가 발을 헛디뎠습니다. 하지만 운이 좋게도 바로 아랫집 베란다 창가에 매달릴 수 있었는데, 갑자기 그 집 주인놈이 제 손을 막무가내로 잡아떼는 것입니다.
다시 떨어진 저는 다행히도 나무에 매달릴 수가 있었습니다. 너무 어이가 없어서 '야~, 인마! 너 사람 죽이려고 환장했어?' 하고 소리를 질렀죠. 그러자 이 녀석이 세탁기를 집어던지는 게 아닙니까?
결국 피하지 못해 여기에 오게 되었습니다."

마지막으로 901호 남자가 고개를 떨군 채 이야기하기 시작했다.

"염라대왕님, 사실은 제가 701호 부인과 바람을 피웠습니다. 저는 그 날도 그 부인을 만나서 함께 즐기려고 했는데, 갑자기 현관문 열리는 소리가 들리는 것입니다.

당황해서 숨을 곳을 찾다가 베란다에 있는 세탁기 속으로 얼른 숨었지요. 그리고 아무 일이 없는 듯이 조용했습니다.

그런데 갑자기 주인 녀석이 제가 세탁기 속에 있다는 걸 알았는지, 세탁기를 확 들어 밖에 던져 버리더라구요."

번지수 착오

임진왜란에서 패한 왜국의 쓰메끼리 장군은 조선에 복수를 하기로 결심했다.

어느 날 밤 그는 부하들에게 생색을 내며 선심성 명령을 내렸다.

"조선에 쳐들어가서 조선의 여자들을 마음껏 취하라."

"와, 신난다!"

부하들은 너무 좋아서 삼삼오오 조각배를 타고 조선에 이르렀다.

여자들을 상대로 몹쓸 짓을 벌이던 왜군들은 날이 새자 얼굴이 새파랗게 질려 버렸다.

그 섬은 대마도였다!

식인종 아빠

식인종 아빠가 아들에게 말했다.
"오늘 먹을 식량으로 아랫마을에 가서 여자를 하나 잡아 와라."
아들은 바싹 마른 여자를 한 명 데려왔다.
"안 돼, 그 여자는 너무 말라서 먹을 게 없어."
아들은 다시 가서 뚱뚱한 여자를 데려왔다.
"안 돼, 지방을 너무 많이 섭취하면 건강에 안 좋아."
아들은 다시 가서 3시간 동안 헤매다가 아주 예쁘고 요염하게 생긴 여자를 데려왔다. 식인종 아빠가 깜짝 놀라 반기며 아들에게 말했다.
"아주 좋아! 이 여자는 집에 데려다 놓고, 빨리 가서 너희 엄마를 데려와라."

 클린턴의 비애

클린턴이 백악관 앞뜰을 걷다가 램프 하나를 발견했다.

램프를 주워서 문지르자 램프의 요정이 나타나는 게 아닌가.

"세 가지 소원을 들어 주겠소."

클린턴은 갑자기 닥친 일에 놀라움을 금치 못하며 소리쳤다.

"이게 꿈이요? 생시요? 우선 시원한 콜라 한잔 주세요."

요정이 클린턴에게 콜라를 주자 클린턴이 받아 들고 마셨다.

"카, 시원하다. 그럼 나를 섹시한 여자들이 많이 있는 해변으로 데려다 줘요."

요정은 '팍' 하는 소리와 함께 클린턴을 하와이

해변으로 데려다 주었다.

여자들을 보며 눈이 휘둥그래진 클린턴은 신이 나서 말했다.

"와, 평생 일을 하지 않는 곳에서 살면 좋겠소."

그러자 세 가지 소원을 다 들어 준 요정은 사라졌고, 클린턴은 '팍' 하는 소리와 함께 백악관 집무실로 돌아왔다.

남편의 애인

한 남자와 그 부인이 고급 레스토랑에서 점심을 먹고 있었다. 그런데 갑자기 매력적인 한 젊은 여자가 다가와서 남편에게 진한 키스를 하더니,
"나중에 봐요"
하고 밖으로 나갔다.
부인은 남편을 노려보며 말했다.
"그 여자 누구예요?"
"응, 내 애인이야."
부인은 무척 화가 나서 말했다.
"뭐라고요? 좋아요, 당장 이혼해요!"
"알았어, 그러나 생각해 봐. 나와 이혼한다면 프랑스 파리에서 쇼핑도 못하고, 한겨울 카리브해의 따뜻한 태양도 못 볼 거야.
또 차고에 벤츠 자동차도 없고, 매주 가는 골프

여행도 없을 거야. 자, 결정은 당신이 해."

잠시 생각에 잠긴 부인은 남편의 직장 동료가 기가 막히게 아름다운 여인과 함께 들어오는 것을 보았다.

"저 여자는 누구예요?"

"응, 그 친구의 애인이지."

그러자 부인은 남편의 팔짱을 끼더니 웃으며 말했다.

"흥, 당신 애인이 훨씬 예쁜데요!"

 어떤 내조

남편은 골프광이었다.

그런데, 사랑을 나누고 골프 시합을 하러 가면 다리에 힘이 없어 후들거렸다.

때문에 남편은 골프 약속이 있으면 그 전날은 아내가 아무리 유혹해도 응하지 않았다.

'사랑을 나누고 가면 영락없이 골프가 엉망이 되고 돈을 잃게 된단 말이야.'

하루는 아내가 너무 끈질기게 사랑을 요구하자 남편은 아내에게 이렇게 이야기했다.

"지난번엔 당신과 잠자리를 하지 않고 갔기 때문에 철수 아빠한테 10만 원을 땄단 말야. 그런데 사랑을 나누고 가면 꼭 돈을 잃게 되니까 당신이 미리 10만 원을 줘."

그러자 아내가 대답했다.

"지난 주에 당신 실력으로 딴 줄 알지만 내 도움이 없었으면 어림도 없었어. 내가 철수 아빠 다리에 힘이 빠지도록 했거든."

우째 이런 일이!

만득이가 건강 검진을 받으러 갔다.

"소변을 받아 오세요."

간호사의 지시대로 만득이는 소변을 받아다 놓았는데 그만 뒷사람이 실수로 엎어 버렸다.

'이크, 큰일났다!'

그 사람은 다른 사람의 소변을 만득이 컵에 살짝 부어 놓고 가 버렸다. 다음 날 만득이가 검사 결과를 보러 가자, 의사가 난감한 표정으로 말했다.

"이게 무슨 일입니까? 만득씨, 임신했어요. 어떻게 이런 일이?"

그러자 만득이가 씩씩거리며 말했다.

"이놈의 마누라! 기어이 지가 위로 올라가겠다고 우겨대더니, 기어이 나를 임신시켰구먼!"

어쩌면 좋아

사오정이 나무를 하는데 갑자기 사슴이 달려오면서 말했다.
"사냥꾼에게 쫓기고 있어요. 제발 저를 구해 주세요!"
오정이는 위기에 처한 사슴을 불쌍히 여겨 숨겨 주었다. 목숨을 구한 사슴은 고마워하며 말했다.
"난 사실 산신령인데 소원 세 가지를 말하면 들어 주겠다."
"음, 장동건의 얼굴에, 권상우의 멋진 몸매…."
그리고 주위를 두리번거리던 오정이는 한가롭게 풀을 뜯고 있는 말을 가리키며 말했다.
"내 물건을 저 말이랑 똑같게 해 줘."
사슴은 세 가지 소원을 들어 주었고 오정이는 기뻐하며 마을로 돌아왔다.

그러자 동네에서 난리가 났다.

마을의 처녀들이 사오정의 잘생긴 얼굴과 몸매를 보고 반해 어쩔 줄 모르는 것이었다. 자신 만만해진 사오정은 "이때다!"라는 생각에 바지까지 확 벗어 던졌다.

그런데 동네 처녀들이 자신의 그 곳을 보고는 기절해 버리는 것이 아닌가.

"으악!"

깜짝 놀란 오정이는 자신의 그 곳을 보고는 사슴에게 가서 울며 따졌다.

"이게 뭐야? 엉엉!"

그러자 사슴이 하는 말,

"네가 그때 가리킨 말은 암말이야!"

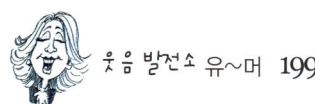

눈이 멍든 이유

눈 주변이 시퍼렇게 멍든 만득이가 친구와 술집에서 술을 마시고 있었다.
"그래서 자네가 유부녀와 사귄단 말이지?"
"응, 어제도 그 집에 갔었는데 그녀의 남편이 일찍 퇴근했지 뭐야."
놀란 친구가 물었다.
"그래서 어떻게 했어?"
"수도를 고치러 온 사람이라고 했지."
"머리가 재빨리 잘 돌아갔군. 그런데 눈은 왜 그렇게 됐어?"
만득이가 한숨을 내쉬며 말했다.
"그게…, 그녀의 남편이 수도 고치는 사람인 줄 미처 몰랐어."

겨우 벗겼는데

참새 두 마리가 뭐가 그리 좋은지 머리를 맞대고 재잘대고 있었다.

마침 지나가던 포수가 참새를 잡으려고 총을 겨눴다. 그런데 참새 한 마리가 털이 없는 것을 보고 포수가 하는 말,

"어차피 먹으려면 털을 모두 벗겨야 하는데 잘 됐군."

포수는 총을 쏘았다.

"타―앙!"

그러자 나머지 한 마리가 날아가면서 하는 말,

"우~씨! 간신히 벗겨 놨는데…"

생각의 차이

배가 난파되어 사오정이 무인도에서 산 지 5년이 된 어느 날.

술통 위에 알몸의 미인이 정신을 잃고 해변가로 밀려 온 것이 아닌가!

오정이는 그녀를 극진히 간호해 간신히 회복시켰다.

그러자 여자가 몹시 고마워하며 말했다.

"감사합니다, 살려 주신 보답으로 당신이 5년 동안 해 보지 못한 것을 해 줄게요."

그러자 신이 난 오정이가 말했다.

"와, 저 술통 속에 술이 남았나요?"

세 친구의 신혼 생활

대학 때 4인방으로 지내던 여자들 중 3명이 동시에 시집을 갔다.

결국 이제는 혼자 남게 되었다. 결혼한 지 반 년이 지나도 친구들한테서 소식이 없자 혼자 남은 여자는 편지를 보냈다. 거의 동시에 답장이 왔다.

첫번째 친구는 '초이스'라는 커피 이름을, 두 번째 친구는 '말보로'라는 담배 이름을, 그리고 또 한 친구는 '도쿄'라는 단어만을 적어 보냈다.

무슨 뜻인지 알 수 없어 여자는 먼저 초이스 커피를 열어 보았지만 역시 알 수가 없었다.

그래서 커피병 뚜껑을 닫으려고 하는데 거기엔 이렇게 적혀 있었다.

'Enjoy fresh.'

그걸 보고 친구는 깨가 쏟아지게 산다는 것을

알았다.

다음으로 두 번째 친구의 회답 내용을 알아보기 위해 말보로 담배를 피워 보았다.

하지만 재채기만 날 뿐 역시 뜻을 알 수 없었다. 그런데 담배갑에 'Long & Strong'이라는 글귀가 적혀 있었다. 기가 막혀서!

이번에는 마지막 친구가 보내온 내용이 궁금해 김포 공항에 나가 보았다. 대합실에 들어서자마자 스피커를 통해 안내 방송이 흘러 나왔다.

'도쿄는 비가 오나 눈이 오나 매일 2회씩 정기 운행합니다.'

양보다는 질

임꺽정이 산속을 헤매다 길을 잃었다.
춥고 배고파 거의 죽을 지경에 이르렀다.
가물가물한 눈으로 먹을 것을 찾던 임꺽정이 나무에 묶여 있는 양 한 마리를 발견했다.
임꺽정은 죽을 힘을 다해 양에게 돌진했다.
그때 아리따운 아가씨 한 명이 홀로 지나가는 모습이 눈에 띄는 게 아닌가!
순간 임꺽정은 홱 방향을 바꿔 아가씨 쪽으로 달려가며 외쳤다.
"우하하하, 양보다는 질이여."

사나이 풀이

사(四)나이 : 모유 먹으며 네 발로 기어 나닐 때
사(思)나이 : 사춘기, 여자 생각에 잠 못 이룰 때
사(事)나이 : 밤낮을 가리지 않고 일할 때
사(死)나이 : 새벽에도 죽어 있다고 마누라한테 죽도록 바가지 긁힐 때

그 약 어디에 썼을까?

오정이가 결혼을 하여 아들을 낳았다.
그런데 그 아들은 무척 실험 정신이 좋았다.
하루는 오정이가 출근을 하는데 아들 녀석이 못질을 하고 있었다.
오정이가 다가가서 물었다.
"웬 못질을 하는 거니?"
그러자 아들 녀석이 대답했다.
"아빠, 이것은 못이 아니고 벌레예요. 근데 제가 만든 특수 약을 발랐더니 벌레가 못처럼 뻣뻣해졌어요."
귀가 번쩍 뜨인 오정이가 아들 녀석에게 자전거를 사 주기로 하고 그 약을 조금 얻었다. 이틀 뒤 마당에 자전거 한 대와 자가용 한 대가 들어섰다.
아들이 아빠에게 물었다.

"아빠, 저 자가용은 뭐예요?"
"응, 자전거는 내가 사 주는 거고, 자가용은 네 엄마가 사 주는 거란다."

호랑이의 흑심

어떤 처녀가 떡 장사를 시작했다.

그녀는 집에서 떡을 만들어 가지고 시장에 가려고 산을 넘고 있었다.

그때 호랑이가 나타났다.

"떡 하나 주면 안 잡아먹지."

겁에 질린 처녀는 떡을 하나 주었다.

처녀는 다시 산을 넘기 시작했다.

잠시 뒤 호랑이가 다시 나타났다.

"떡 하나 주면 안 잡아먹지."

이렇게 해서 처녀는 산을 반도 못 넘고 떡을 몽땅 호랑이에게 빼앗기고 말았다.

그녀는 한숨을 쉬며 오던 길을 돌아가는데 또다시 호랑이가 나타나 떡을 달라고 했다.

"이젠 떡이 없어요."

그러자 호랑이가 씩 웃으며 말했다.
"넌, 떡만 먹고 사니?"

멍청한 남편

어떤 남자가 출근한 뒤에야 가방을 빠뜨리고 온 것을 알았다.

그래서 상사인 과장이 외출한 것을 보고 슬쩍 회사를 빠져나와 집에 가방을 가지러 갔다. 그런데 집에 들어가려고 하자 문틈으로 과장과 아내가 함께 있는 것이 보였다.

남자는 화들짝 놀라 뛰쳐나와 회사로 돌아왔다.

"어, 가방 가지러 간 것 아니었어?"

동료가 묻자 남자가 고개를 저으며 말했다.

"그럴 틈이 없었어. 하마터면 그만 과장에게 들킬 뻔 했어."

아파트 남자는 다 알아

아파트에서 새침데기로 소문난 세 여자가 헬스 클럽에서 운동을 끝내고 샤워를 하고 있었다.

그때 갑자기 맞은편에 있던 남자 샤워실 문이 열리면서 건장한 사내의 벌거벗은 나체가 정면으로 보였다.

하지만 얼굴이 보이지 않아서 누군지를 알 수 없었다.

"우리 남편은 아닌데…."

"우리 그이도 아니야…."

그러자 한참 바라보고 있던 세 번째 여자가 이렇게 거들었다.

"우리 아파트 사람은 아니야…!"

신병의 누나 소개

신병이 들어오자 고참 하나가 물어 봤다.
"야, 너 여동생이나 누나 있어?"
"넷, 누나가 한 명 있습니다!"
"그래? 몇 살인데?"
"24살입니다!!"
"진짜야? 이쁘냐?"
"넷, 이쁩니다."
그때 내무반 안의 시선이 모두 신병에게 쏠리면서 고참들이 하나둘씩 모여 앉았다.
"그래, 키가 몇인가?"
"168입니다!!"
"몸매는 이쁘냐? 얼굴은?"
"미스 코리아 뺨칩니다!!"
왕고참이 다시 끼여들며 말했다.

"야, 오늘부터 얘 건드리는 놈들은 죽을 줄 알아! 넌 나와 진지한 대화 좀 해 보자."
"근데, 네 누나 가슴 크냐?"
"넷, 큽니다!"
갑자기 내무반이 조용해지더니, 이번에는 별 관심을 보이지 않던 고참들까지 모두 모여들었다.
"어? 네가 어떻게 알아? 네가 봤어?"
신병이 잠깐 머뭇거리며 말했다.
"넷, 봤습니다."
"언제… 어떻게 봤는데…? 인마! 빨랑 얘기해!"
그러자 신병이 약간 생각을 하다가 대답했다.
"우리 조카 젖 줄 때 봤습니다."

바람둥이의 흑심

바람둥이 총각이 순박한 이웃집 처녀에게 데이트 신청을 했다.

처녀는 속으로 기대가 컸다.

'오늘 맛있는 것 많이 얻어먹을 수 있겠지?'

그런데 총각은 아무리 기다려도 뭘 먹을 생각은 않고 이곳저곳 돌아다니기만 했다.

허기가 진 처녀는 기운 빠진 목소리로 총각에게 말했다.

"나, 배고파요. 뭘 먹어야지요."

그러자 총각 왈,

"지금 찾고 있어요. 잠시만 기다리면 열 달 동안 배부르게 해 줄게요."

하필 목사님이!

올해 처음으로 서리 집사에 임명된 김 집사를 교인들은 '김 잡사'라고 불렀다.

온갖 세상의 잡스러운 미련을 떨쳐 버리지 못했기 때문이었다. 어느 날, 화장실에서 볼 일을 보고 있는데 아들 멀구가 소리쳤다.

"아빠, 밖에 누가 왔어요."

"네가 나가 봐. 외판원이면 아무도 없다 하고, 야쿠르트 아줌마면 내일 오시라고 해."

잠시 후 밖에서 멀구의 목소리가 들렸다.

"아빠, 목사님 같은데 어떡하죠?"

김 집사는 허둥거리며 말했다.

"빨리 재떨이랑 담배 치우고 식탁 위에 소주병도 숨기고…."

"그럼, 안방에 화투도 치울까요?"

"그래, 빨리!"

그때 목사님께서 화장실 문을 똑똑 두드리며 김 집사에게 물었다.

"응접실 테이블 위에 있는 '애마 부인' 테이프도 치울까요?"

진짜 속셈

남자와 여자가 모텔로 들어갔다.
방에 들어가자마자 여자는 바닥에 선을 주욱 긋더니 이렇게 말했다.
"자기, 이 선을 넘으면 짐승이야."
남자는 알았다고 말한 뒤 금세 곯아떨어져 잠이 들었다.
다음 날 일어나 보니 여자가 방에 쭈그리고 앉아 고개를 푹 숙이고 있었다.
그래서 남자가 물었다.
"왜 그래?"
그러자 여자가 째려보면서 하는 말,
"짐승만도 못한 놈."

증거

한 청년이 신체 검사에 불합격 판정을 받기 위해 시력을 속이기로 했다.

"안 보입니다."

검사표 제일 위의 대문짝 만한 글씨도 안 보인다고 우기는 것이었다.

그러자 화가 난 여자 검사관이 웃옷을 벗고 가슴이 보이느냐고 물었다.

"보입니까?"

"안 보입니다."

막무가내로 안 보인다고 우기자 청년에게 다가간 검사관이 말했다.

"안 보여? 그런데 이게 왜 서, 짜샤!"

산타의 고민

산타 할아버지가 좁은 굴뚝을 통해 겨우 내려갔는데 집을 잘못 찾아 들어갔다.

그 방에는 아이는 없고 한 아름다운 아가씨가 실오라기 하나 안 걸친 알몸으로 자고 있었다.

"아이고, 또 잘못 찾았군."

산타 할아버지는 투덜거렸다.

그리고는 자고 있는 아가씨를 한참 바라보다가 한숨을 쉬며 중얼거렸다.

"곤란하게 됐군. 아가씨와 사랑을 나누면 난 이제 천국에 돌아갈 수 없을 것이고, 그렇다고 아무것도 하지 않으면 이놈이 걸려 굴뚝을 빠져나갈 수 없을 텐데…"

난 못 봤다!

갑자기 감기 몸살기가 심해 일찍 돌아온 맹구는 이상한 분위기를 눈치챘다. 젖소 부인이 해도 지기 전에 속옷 차림으로 허둥대는 것이었다.

"이게 무슨 짓이야? 어떤 놈팽이와 놀아났어?"

맹구는 거칠게 장롱 문을 열어젖혔다.

"여긴 없군."

그는 다시 서재와 목욕탕 문을 차례로 열었다.

"여기도 없어!"

끝으로 화장실 문을 벌컥 열다가 맹구는 그만 멈칫! 서 버렸다. 앞에 천하 장사같이 건장한 사나이가 떡 버티고 서 있는 것이 아닌가!

맹구는 얼른 문을 닫고 큰 소리로 외쳤다.

"여기에도 없는걸!"

신상 명세서

이민을 가는 부부가 영어로 된 신상 명세서를 쓰고 있었다. Name(이름), Address(주소), 등을 쓰다가 갑자기 멈춰 버렸다.

왜냐 하면 Sex(성별) 난이 나왔기 때문이다.

이것을 본 아주머니가 말했다.

"뭐 이런 걸 다 쓰라고 그래? 칸도 작고…."

아주머니는 혼자서 투덜거리다가 주위를 두리번거리면서 다음과 같이 썼다.

'일주일에 두 번.'

아저씨 역시 망설이다가 다음과 같이 썼다.

'조금 쎈 편.'

웃음 발전소 유머

펴낸이/이홍식
발행처/도서출판 지식서관
등록/1990.11.21 제96호
주소/경기도 고양시 덕양구 고양동 31-38
전화/031)969-9311(대)
팩시밀리/031)969-9313
e-mail/jisiksa@hanmail.net

초판 1쇄 발행일/2009년 4월 15일
초판 6쇄 발행일/2022년 5월 15일